KiWi Paperback

KiWi 574

Dagmar Ploetz

Ignazio Silone

Rebell und Romancier

Kiepenheuer & Witsch

Herzlichen Dank
an
Bärbel Flad für Kritik und Zuspruch,
Reinhold Joppich für Rat und Tat und
Peter Kamber für wichtige Informationen

D. P.

Originalausgabe

1. Auflage 2000

© 2000 by Verlag Kiepenheuer & Witsch, Köln
Alle Rechte vorbehalten. Kein Teil des Werkes darf in irgendeiner Form
(durch Fotografie, Mikrofilm oder ein anderes Verfahren)
ohne schriftliche Genehmigung des Verlages reproduziert oder
unter Verwendung elektronischer Systeme verarbeitet,
vervielfältigt oder verbreitet werden.
Umschlaggestaltung: Manfred Schulz, Köln
Umschlagfoto Hintergrund: Rudolf Linn, Köln
Satz: Greiner & Reichel, Köln
Druck und Bindearbeiten: Clausen & Bosse, Leck
ISBN 3-462-02910-x

Inhalt

Vorwort   9

I. Vom Bauernkind zum Revolutionär   13
Verschattete Kindheit   13
Jugend im Krieg   16
Aufbruch nach Rom und in die Politik   21
Journalist und kommunistischer Aktivist   25
Faschistische Machtergreifung   29
Gabriella   31
Berlin – Spanien – Paris   32
Illegale Arbeit in Italien   35
Zweifel an Moskau   41
Flucht in die Schweiz   43
Romolo im Gefängnis –
Was hat Silone für ihn getan?   44
Machtkämpfe und Gewissenskrise   47
Der Parteiausschluss   49

II. Der Schriftsteller im Schweizer Exil   53
»Fontamara«   53
Das neue Leben in Zürich   63
»Der Fascismus« und »Die Reise nach Paris«   68
»Wein und Brot«   84
»Die Schule der Diktatoren«   97
»Der Samen unter dem Schnee«   98
Terzo fronte und neue Liebe   105
Verhaftung und Arrest   108
Die Geheimdienst-Connection   110
Rückkehr nach Italien   112

III. Außenseiter in der Heimat 115
   Kampf für die Unabhängigkeit der Sozialisten 115
   Kultur und Kalter Krieg 120
   Rezeption in Italien 126
   »Eine Handvoll Brombeeren« 128
   Politischer Moralist 133
   Tempo presente 137
   »Das Geheimnis des Luca« 139
   »Der Fuchs und die Kamelie« 145
   Silone als Reisender 147
   »Notausgang« und späte Anerkennung 148
   Die kulturelle Freiheit der CIA 150
   »Das Abenteuer eines armen Christen« 152
   »Severina« 158

   Anmerkungen 163
   Chronologisches Verzeichnis der Erstausgaben
   in italienischer und deutscher Sprache 171
   Sekundärliteratur 174
   Lebensdaten von Ignazio Silone 175

Vorwort

Von Avezzano aus fährt der Bus in das breite Fucino-Tal. An den Hängen zu beiden Seiten der fruchtbaren Ebene wird Wein angebaut. Dahinter erheben sich die Bergzüge der Abruzzen, abgerundet und kahl leuchten sie in einem weißlichen Grau. Das Ortsschild zeigt Pescina dei Marsi an – eine italienische Kleinstadt wie viele andere, eine gesichtslose Piazza. An der Haltestelle fällt sogleich ein Wegweiser ins Auge: Tomba di Silone. Inzwischen weiß die Gemeinde, was sie an ihrem berühmten Sohn hat. Man steigt durch den alten Teil der Stadt hoch zu einem einsam stehenden Campanile, der über eine aus Steinblöcken gefügte Treppe erreichbar ist. Hier, mit Blick auf Stadt und Tal, wollte Silone begraben werden, keine zehn Minuten von seinem Geburtshaus entfernt.

In seinen Romanen hat der Autor Silone die Abruzzendörfer kaum verlassen, während er selbst als junger Revolutionär, dann als Flüchtling vor dem Faschismus und schließlich als warnender Moralist in ganz Europa zu Hause war und sich in Kreisen bewegte, die der Welt seiner Kleinbauern mehr als fremd waren.

Das außergewöhnliche Leben des Ignazio Silone spiegelt auf besondere Weise die Geschichte dieses Jahrhunderts mit ihren Hoffnungen, Tragödien und Irrwegen. Vom Mitbegründer der Kommunistischen Partei Italiens zum gemäßigten Sozialisten und ›kalten Krieger‹ bis zum zurückgezogen lebenden Kulturkritiker – die politische Vita des Autors scheint zugleich eine typische Entwicklung vom jugendlichen Heißsporn zum resignierten und abgeklärten alten Mann zu belegen. Eine solche Sicht verkennt jedoch Wesentliches. Denn das Bewegende ist, dass Silone auch im Alter noch ebenso leidenschaftlich und unbeirrt wie als junger Mann für seine Ziele kämpfte. Diese hatten sich nicht grundsätzlich verändert, nur hatte er das Vertrauen in die großen Organisationen verloren. Der Einzelne, sein Gewissen und sein Verhältnis zu den christlich-abendländischen Werten, war für ihn auch politisch in den Mittelpunkt gerückt.

Silones eigentliches Medium sind seine literarischen Figuren. Die Gesellschaft, in der sie sich behaupten müssen, zeichnet er mit analytischer Schärfe, mit einem genauen Blick für die Gepflogenheiten seiner bäuerlichen Heimat und mit satirischem Witz. Die Konflikte und Verstrickungen seiner Helden und ihr Ringen um ein wahrhaftiges, menschliches Leben aber sind vom Geist der Tragödie durchdrungen. Konsequenz ist oft nur um den Preis des Selbstopfers zu haben. Damit nähern sich die Geschichten, die Silone erzählt, zuweilen den Heiligenlegenden, die er in seiner Kindheit gehört hat. Die Botschaft aber ist durchaus weltlich: die Aufforderung zum zivilen Ungehorsam, zur Auflehnung gegen jede Art von Ungerechtigkeit und Unfreiheit.

Wie bilden sich solche Charaktere heraus? Und woher nahm ihr Schöpfer, ein Mann mit einer zeitlebens schwachen Gesundheit, die Kraft, trotz Anfeindungen aller Art den Zustand der Welt als sein ureigenstes Thema zu begreifen und sich tätig und schreibend immer wieder einzumischen? Oder, wie Silone allgemeiner formulierte, »... auf Grund welcher schicksalhaften Bestimmung oder Gabe oder Überempfindlichkeit trifft man in einem bestimmten Alter die Entscheidung und wird ein ›Rebell‹?... Woher kommt es, dass es für einige Menschen wirklich unmöglich ist, sich mit der Ungerechtigkeit abzufinden, auch wenn es andere sind, die davon betroffen werden?«[1]

Silone hat 1965 in *Uscita di sicurezza – Notausgang –* die eigene Entwicklung aus den ihn prägenden Erfahrungen gedeutet. Der Essayband ist ein zeitgeschichtliches Dokument und zugleich ein Rechenschaftsbericht, der an exemplarischen Situationen und Erlebnissen den Gang der Zeit und des eigenen Lebens anschaulich und nachvollziehbar macht. Trotz der literarischen Verdichtung, die in manchen Passagen seiner Romanprosa mindestens ebenbürtig ist, erscheint das Bild, das Silone von sich entwirft, nicht als Resultat einer unzulässigen Stilisierung. Auch wenn der Autor selbst einschränkt – »Ich kann nur für meine Aufrichtigkeit bürgen, nicht für Objektivität« –, liefert seine Darstellung wichtige Anhaltspunkte für eine Biografie.

Diese Arbeit ist den vorliegenden Studien von Luce d'Eramo, der kürzlich erschienenen Biografie von Ottorino Gurgo und Francesco de Core sowie den neuesten Untersuchungen von Bruno Falcetto, dem Herausgeber der italienischen Gesamtausgabe, verpflichtet. Es werden jedoch eigene Akzente gesetzt, auch in Bezug auf das aktuelle Interesse an Silone in Deutschland.

I. Vom Bauernkind zum Revolutionär

Verschattete Kindheit

Am 1. Mai 1900 wurde Ignazio Silone unter dem Namen Secondino Tranquilli[2] in Pescina dei Marsi geboren. Sein Vater Paolo war Kleinbauer, seine Mutter Marianna arbeitete zu Hause als Weberin und Färberin. Die Tranquillis gehörten damit im Sozialgefüge der kargen und armen Abruzzendörfern schon zur – stets gefährdeten – Mittelschicht. Als Paolo Tranquillis Weinstöcke durch eine Schädlingsplage zerstört wurden und ihm ein Teil seines Viehs wegstarb, stand er vor dem Nichts. Wie viele seiner Landsleute sah er einen längeren Arbeitsaufenthalt in Südamerika als einzigen Ausweg aus verzweifelter Lage. Es wurde jedoch nur ein kurzes Abenteuer. In Brasilien angekommen, geriet er in eine Streikwelle, erlebte die brutale Behandlung der Arbeiter durch die Polizei und den Versuch der Unternehmer, Neuankömmlinge wie ihn als Streikbrecher anzuheuern. So hatte Paolo Tranquilli sich seine Arbeit nicht vorgestellt; er nutzte die erste sich bietende Gelegenheit, um in die Heimat zurückzukehren, wo es ihm dank der Mitarbeit seiner Frau gelang, doch noch einen bescheidenen Wohlstand zu erreichen.

Das Paar hatte sieben Kinder, von denen nur drei das erste Lebensjahr überlebten: Domenico, Secondino, Romolo. Der Tod der kleinen Geschwister prägte Secondinos (Silones) Kindheit. Er war gerade erst elf, als auch der Vater starb. Der ältere Bruder, Domenico, musste die Schule verlassen, um die Feldarbeit zu übernehmen. Zwei Monate später starb auch er. Die Mutter Marianna tat sich schwer damit, Romolo und Secondino durchzubringen. Dennoch durfte der aufgeweckte Zweitgeborene weiter die Oberschule der Diözese in Pescina besuchen.

Mit dem verstorbenen Vater verbinden sich für Silone ein-drückliche Erlebnisse, bei denen sich dem kleinen Jungen zum ersten Mal die Diskrepanz von Sein und Schein offenbarte und die üblichen Wahrnehmungsmuster in Frage gestellt wur-den. In *Notausgang* erzählt Silone von einer Zurechtweisung, die er nie vergaß:

»Ein zerlumpter, barfüßiger kleiner Mann wurde von zwei Carabinieri die einsame staubige Straße entlanggeführt. Er bewegte sich wie in einem müh-samen Tanzschritt hüpfend vorwärts, vielleicht weil er ein steifes Bein oder eine Verletzung am Fuß hatte. Zwischen den beiden schwarz uniformierten Gestalten, die im harten Sonnenlicht düsteren Masken eines Trauerzuges glichen, wirkte der kleine Mann unruhig wie ein erdfarbenes, in einem Gra-ben gefangenes Tier.«

Auf den Jungen wirkt die Gestalt mitleiderregend und ko-misch, er muss lachen. Der Vater wird böse, weist ihn zurecht: »›Über einen Häftling lacht man nicht. Niemals.‹ ›Warum nicht?‹ ›Weil er sich nicht verteidigen kann. Und weil er viel-leicht unschuldig ist. Und vor allem weil er unglücklich ist.‹«[3]

Ein anderes Mal wird das Kind Zeuge einer Familienzusam-menkunft, bei der die Kandidatur des Fürsten Torlonia für das Parlament besprochen wird. Nach der Trockenlegung des Fu-cino-Sees waren dem Fürsten die neu entstandenen landwirt-schaftlichen Gebiete zugesprochen worden, was ihn zum mächtigsten Grundbesitzer der Region gemacht hatte. Alle – Bauern, Landarbeiter, Pächter – waren von ihm abhängig. Kaum einer hatte ihn je gesehen, dennoch war er qua Position einer der meistgehassten Männer der Region. Nun wollte er auch noch gewählt werden. Die Wahlkampagne des Fürsten ging mit Einschüchterungsversuchen einher (nach dem Mot-to: Ihr habt die freie Wahl, so wie der Fürst frei ist in der Wahl derer, die er für sich arbeiten lässt). Doch Paolo Tranquilli denkt nicht daran, den Fürsten zu unterstützen. Seine Familie bedrängt ihn, er solle mit seiner starrsinnigen Haltung nicht alle ins Unglück stürzen. Paolo bleibt jedoch fest, lässt sich nur auf den Kompromiss ein, seine Ablehnung nicht öffentlich zum Ausdruck zu bringen.

Die eigentliche Pointe dieser Geschichte ist der Ausgang der Wahl – für den kleinen Silone eine Lektion über das Verhalten seiner Landsleute. Trotz der zur Schau gestellten Begeisterung für ihren Fürsten gewinnt der Gegenkandidat, ein unscheinbarer Augenarzt, der ohne Tross und relativ unbeachtet durch die Dörfer gereist war. Wie war die Heuchelei der Bauern zu verstehen? Handelte es sich um eine Form von subversiver Schläue?

Am 13. Januar 1915 gerät die Welt des Vierzehnjährigen endgültig aus den Fugen. Ein heftiges Erdbeben zerstört Städte und Dörfer in den Abruzzen und fordert an die 30.000 Opfer, allein in Pescina sterben etwa 3.500 der 5.000 Einwohner – darunter auch Silones Mutter. Für den Sohn ist es eine traumatische Erfahrung von Chaos und Tod, Leid und Angst. Die Wölfe heulen des Nachts und wagen sich bis in die Dörfer, wo nach Tagen noch verzweifelt versucht wird, Verletzte und Leichen aus den Trümmern zu bergen. Zu den schlimmsten Erinnerungen des jungen Silone gehören jedoch die Beispiele menschlicher Verrohung: Plünderung, unterlassene Hilfe und Leichenfledderei – quälende Szenen, die er Jahrzehnte später in seine Romane aufnimmt.[4] Diese Erlebnisse waren geeignet, das Vertrauen in die Menschen endgültig zu verlieren, hätte es nicht ein Gegenbeispiel gegeben, das bei dem Jungen eine langanhaltende emotionale Wirkung zeigen sollte: die Haltung des Priesters Don Luigi Orione.

König Vittorio Emmanuele III. war in die Erdbebenregion gefahren und besuchte auch Pescina. Zur gleichen Zeit zog ein Priester durch die zerstörten Dörfer und sammelte die Kinder um sich, die beim Erdbeben ihre Eltern verloren hatten. Die Zugverbindungen waren unterbrochen, und es gab keine Möglichkeit, die Kleinen vom Ort des Grauens wegzubringen. Kurzentschlossen versuchte der Priester mit seinen

Schützlingen einen der Wagen aus der Eskorte des Königs zu entern, woran ihn die Carabinieri hindern wollten. Der König wird aufmerksam, der Priester, Don Luigi Orione, trägt sein Anliegen vor und bekommt die allerhöchste Erlaubnis. – Für den vierzehnjährigen Silone ein Erlebnis, das ihm in dieser desolaten Situation praktische Nächstenliebe vorführt, die wenig mit dem ihm bekannten äußerlichen Christentum gemein hat. Er begegnet zum ersten Mal einem Menschen, der sich selbstlos, wagemutig und unkonventionell für eine gute Sache einsetzt.

Jugend im Krieg

Der junge Silone und sein zehnjähriger Bruder Romolo, der erst einige Tage nach dem Erdbeben verletzt aufgefunden wurde, sind auf sich gestellt. Schließlich sorgt die Großmutter mütterlicherseits dafür, dass das Patronat Regina Elena sich der Kinder annimmt. Silone wird in einem düsteren katholischen Internat in Rom untergebracht, wo sich der Bauernjunge nur schlecht zurechtfindet. Trotz guter schulischer Leistungen entlässt man ihn bald wieder wegen Fehlverhaltens. Kurz vor Weihnachten 1915 war er, einer spontanen Eingebung folgend, einfach aus dem offengebliebenen Schultor hinausspaziert und zum Hauptbahnhof gewandert. Erst langsam begriff er, welche Folgen sein unüberlegter Entschluss haben könnte. Er quartierte sich in ein billiges Hotel ein und verlebte dort »drei Tage, drei nicht enden wollende Tage der Beklemmung und lähmenden Langeweile«[5]. Dann wurde er von einem Polizisten aufgegriffen und ins Internat zurückgebracht, wo er auf Knien liegend die Wut des Direktors über sich ergehen lassen musste.

Die Großmutter, als Vormund von dem Hinauswurf unterrichtet, erreichte, dass er in eines der von Don Orione betreuten Institute aufgenommen und von ihm persönlich in Rom abgeholt wurde. Der Junge war angesichts dieser Aussicht voll freudiger Erwartung und daher umso enttäuschter, als er in dem kleinen Priester, der mit ihm die Zugfahrt nach San Remo antreten sollte, nicht den Wohltäter wiedererkannte. Er verhielt sich abweisend, versuchte gar, den freundlichen Geistlichen zu provozieren, indem er sich von ihm den sozialistischen *Avanti!* als Reiselektüre kaufen ließ – bis sich herausstellte, dass es sich doch um Luigi Orione handelte.

Die Zugfahrt wurde für den Jungen zu einem bleibenden Erlebnis, weil sein Begleiter sich mit ihm offen und ernsthaft wie mit einem Erwachsenen unterhielt – unter anderem auch über den Plan einer Antikriegsinitiative. Diesen Plan hatte er (vergeblich) dem Papst unterbreitet: Die Christen aller betroffenen Länder sollten dazu aufgerufen werden, sich gemeinsam für eine Beendigung des Krieges einzusetzen.

Bei Kriegsausbruch hatte Italien, obgleich im Dreibund mit Österreich und Deutschland vereint, seine Neutralität erklärt. 1915 formierte sich jedoch im Lande eine starke Bewegung gegen das Bündnis und für eine Kriegsteilnahme auf Seiten der Entente. Sie wurde von den nationalistischen und bürgerlichen Kräften getragen sowie von Benito Mussolini, der 1914 als Leiter des *Avanti!* ausgeschieden war und nun in der von ihm neugegründeten Zeitung *Il popolo d'Italia* Politik gegen die ehemaligen sozialistischen Weggefährten machte. Im Kultursektor fand er bei dem Futuristen Filippo Tommaso Marinetti und bei Gabriele d'Annunzio propagandistischen Rückhalt. Am 12. April kommt es in Rom zu einer großen Kundgebung für den Bruch mit Deutschland und Österreich und damit gegen die Politik der Regierung.

Diese verhandelt daraufhin ohne Wissen des Parlaments heimlich in London mit den Vertretern der Entente, die Italien das Trentino bis zum Brenner, Triest, Istrien und Gebiete in Afrika zusichern (falls die dortigen Deutschen Kolonien erobert würden). Am 3. Mai wird der Dreibund aufgekündigt. Österreich will den Kriegseintritt Italiens verhindern und bietet nun seinerseits das Trentino und die Autonomie von Triest an. Das findet zwar im italienischen Parlament Zustimmung, nicht aber auf der Straße. Streiks, Demonstrationen und Provokationen setzen den König unter Druck. Er gibt nach: Am 24. Mai wird Österreich der Krieg erklärt.

Von dieser Entwicklung hat der Sechzehnjährige in dem für ihn so ereignisreichen wie unglücklichen Jahr wenig mitbekommen. Nun reist er mit seinem Beschützer durch ein Land, das sich im Kriegszustand befindet, in La Spezia wimmelt der Bahnhof von Soldaten und Rotkreuzhelferinnen, ein Zug mit Schwerverwundeten wird erwartet. Silone beobachtet eine allgemeine Geschäftigkeit, die sich ihm nur als traurig und absurd darstellt.

Dagegen erscheint ihm San Remo geradezu paradiesisch,

»fast zu schön für meine augenblickliche Verfassung. Zum ersten Mal sah ich Palmengärten, Mimosensträucher, Mandarinen- und Zitronenbäume und Nelkenfelder. Und ich dachte an meine Heimat, wo die armen Leute, die den Einsturz ihrer elenden Hütten überlebt hatten, von Schmutz umgeben in Höhlen und Baracken hausten und in der Nacht die Feuer brennen lassen mussten, um sich vor den Wölfen zu schützen. In diesem Augenblick fühlte ich in meinem Inneren einen Schmerz von neuer, anderer Art.«[6]

Als Don Orione abreisen muss, geht der bevorstehende Abschied dem Jungen zu Herzen; er versteckt sich. Seine verschlossene, stolze und nicht gerade verbindliche Art macht den Umgang mit ihm schwierig. Auch deshalb, vor allem aber wegen seiner angegriffenen Gesundheit, wird er für das nächste Schuljahr wieder in den warmen Süden nach Reggio di Calabria in ein anderes Internat geschickt. Don Orione kümmert sich um ihn aus der Ferne, wie auch um den kleinen Bruder Romolo, den er in Tortona unterbringt.

Der Aufenthalt in Reggio bringt Silone wieder der Heimat näher, die er nun mit wacheren, kritischeren Augen sieht. So oft wie möglich fährt er nach Pescina und beschäftigt sich mit den Problemen der Region. Und er beteiligt sich auch an den drei so genannten Revolutionen am Ort.

Der erste – erfolglose – Protest betraf die Verlegung des Bischofssitzes. Die Einwohner von Pescina fühlten sich nun auch von der Kirche verlassen, von einem Bischof, der die Nähe der weltlichen Behörden in Avezzano der der armen Bauern vorzog. Hinzu kam, dass gleichzeitig zwei Kirchen in Pescina geschlossen wurden, ein Beweis dafür, dass auch die seelsorgerischen Pflichten nicht besonders ernst genommen wurden.

Der zweite Aufstand richtete sich gegen die Gemeinde und die von ihr verordnete Rationierung des Brotes.

Beim dritten Mal kam es zu Tätlichkeiten. Drei Soldaten auf Heimaturlaub legten sich mit drei Carabinieri an, die angeblich Frauen belästigt hatten. Die Soldaten wurden festgenommen und sollten als Strafe sofort wieder an die Front. Vor der Carabinieri-Wache sammeln sich protestierende Bewohner, die Stimmung ist angeheizt, die Menge wird immer größer, schreit, wirft mit Steinen und schlägt schließlich die belagerten Carabinieri in die Flucht.

Es ist eine seltsame Nacht, in der die jungen Leute ihren Triumph feiern und von Silone als ihrem Strategen Instruktionen erwarten. Er weiß, dass am nächsten Morgen die Carabinieri mit Verstärkung anrücken werden und man dann die ›Rebellen‹ zur Rechenschaft ziehen wird, auch dass sich nun, da alle anderen schlafen, nicht, wie ein junger Mann vorschlägt, der Sozialismus einführen lässt. Dennoch birgt das Erlebnis dieser Nacht ein Versprechen in sich: Nicht alles muss so bleiben, wie es ist.

Silone wird nach einem Gerichtsverfahren zu 1.000 Lire Strafe verurteilt. Das hält ihn aber nicht von weiteren Aktionen ab. Was ihn am meisten empört, ist die Korruption, die sich bei der Behebung der Erdbebenschäden breitmacht. Beamte und Unternehmer profitieren von den Hilfsgeldern, während die Armen noch ärmer werden. Von einem Bekannten aus Avezzano bekommt er Daten und Fakten über die Katastrophengewinnler zugespielt, eilt damit in Pescina von Pontius zu Pilatus, um eine Reaktion zu provozieren – vergeblich. Niemand möchte sich die Finger verbrennen. Es gilt die Devise, mit der er aufgewachsen ist: Kümmere dich um deine eigenen Angelegenheiten. Eine Devise, gegen die Silone ein Leben lang opponieren wird.

Ihm wird geraten, sich an den *Avanti!* zu wenden. Also verfasst der siebzehnjährige Schüler, als sei das die selbstverständlichste Sache der Welt, drei Artikel, in denen er die Missstände aufdeckt und genau dokumentiert. Und tatsächlich, die Zeitung der Sozialisten publiziert sie. Die Nummer mit dem ersten Artikel ist schnell ausverkauft. Die Betroffenen sind die eifrigsten Abnehmer, stapelweise versuchen sie die Zeitung aus dem Umlauf zu ziehen. Bei der zweiten Folge haben sie schon vorgebaut, doch auch Silone ist nicht dumm, fährt nach Avezzano und sichert einen Packen vorm Verschwinden. Der dritte Artikel wird nicht mehr gedruckt, und zwar, wie Silone sehr viel später erfährt, auf Grund der Beschwerde eines namhaften sozialistischen Anwalts. Leider sind diese Artikel heute nicht mehr auffindbar. Sie wären ein einzigartiges Dokument für Silones ersten Versuch, schriftlich in den Lauf der Welt einzugreifen.

Für ihn verbindet sich damit die Erfahrung, dass man schreibend etwas bewegen kann. Die Wirkung dieser Artikel auf die Leute in Pescina wird schon allein an der Empörung derer deutlich, die einen Verrat des Schreibers an der eigenen Schicht sehen. Vielleicht wurde Silone auch wegen des Rufes, der ihm nun vorauseilte, in der Bauern-Lega akzeptiert. Es ist ein eher verschlafener Verein, und seit Kriegsausbruch versammeln sich nur noch wenige alte Bauern in der ärmlichen Baracke, in der Silone ein Christusbild beeindruckt: Jesus in einem roten Gewand, über ihm die Inschrift »Selig sind, die nach Gerechtigkeit dürsten«. – Der Gymnasiast überwindet das Misstrauen der abgearbeiteten Analphabeten, hilft ihnen, ihre Rechte geltend zu machen, schreibt Eingaben für sie. Das spricht sich in den Nachbardörfern herum, und so wird er zum Sekretär der Lega für die gesamten Abruzzen ernannt. Silone hat etwas gefunden, wo er sich nützlich machen kann. Daraufhin gibt er die Schule in Reggio kurz vor dem Abschluss auf, verlässt dann auch Pescina und begibt sich gegen Ende des Jahres 1917 nach Rom.

Die Motive für diesen Umzug kann man nur vermuten. Aus jenen Jahren ist kaum etwas über sein Privatleben zu erfahren. Später hat er auf die Frage, warum er nicht ein Universitätsstudium anvisiert habe, geantwortet, seine Ärzte hätten ihm kein langes Leben prophezeit, deshalb habe er so etwas gar nicht erst erwogen – »treu dem italienischen Sprichwort, ›Lieber ein lebendiger Esel als ein totes Genie‹.«[7] Es ist jedenfalls nicht bekannt, ob diese Reise in einem politischen Zusammenhang stand. Auch nicht, wo er in Rom gewohnt, von was er gelebt und wie er sich seine Zukunft vorgestellt hat.

Aufbruch nach Rom und in die Politik

Zu eben jener Zeit findet in St. Petersburg ein Ereignis statt, das direkt und indirekt Silones gesamtes weiteres Leben bestimmen wird: die Oktoberrevolution. Als er 1918 in Rom Mitglied der Sozialistischen Jugend wird, bewegt ihn auch die Hoffnung, die diese Revolution geweckt hat.

Europa befindet sich im vierten Kriegsjahr, und die damit verbundenen Entbehrungen und Verluste schüren den Unmut der Massen und führen zu einer Spaltung innerhalb der Linken: auf der einen Seite diejenigen, die im Konflikt die nationalen Interessen vertreten, und auf der anderen die Internatio-

nalisten, die den Krieg, in dem die Arbeiter einmal mehr aus-
gebeutet und verheizt werden, nur als Ausdruck imperialisti-
scher Machtpolitik sehen.

Nach Kriegsende und durch den Impuls, der von der Entwicklung in Russland ausgeht, spitzt sich dieser Konflikt besonders in Italien zu, wo die Sozialistische Partei innerhalb
von zwei Jahren ihre Mitgliederzahl fast verzehnfacht (1918:
22.000, 1920: 216.000). Die Flügelkämpfe zwischen den Re-
visionisten, die mit Unterstützung der Gewerkschaften auf
einen parlamentarischen Weg zur Macht setzen, und den Revolutionären, die nur den gewaltsamen Umsturz für Erfolg
versprechend halten, werden heftiger. Dazwischen behaupten
sich die sogenannten Maximalisten. Sie stehen eher links und
haben die Mehrheit hinter sich, verfügen aber über keine
wirkliche Strategie und waren, wie Silone später beklagte,
nicht fähig, die Massen zu organisieren und die Landbevölkerung in ihren Kampf einzubinden. »Die Lawine der Neuankömmlinge verschüttete den alten Parteiapparat, die Zu-
sammenkünfte der sozialistischen Sektionen nahmen den
Charakter von chaotischen Wahlversammlungen an ... Es
war dies keine Kampforganisation, es war eine Partei von
Schwätzern.«[8]

In der hier zitierten Studie *Der Fascismus* wird Silone die
Machtergreifung Mussolinis als Resultat des Versagens der Sozialisten bzw. der Arbeiterbewegung insgesamt darstellen, die
in der revolutionär zugespitzten Situation nach Kriegsende,
als die alten Strukturen ausgedient hatten, nicht fähig waren,
einen neuen Entwurf zu liefern, der dem ganzen Land gerecht
wurde und die Interessen der arbeitenden Bevölkerung be-
rücksichtigte. Einen solchen umfassenden Entwurf lieferten
auf ihre Art dann erst die Faschisten – mit den bekannten
Folgen.

Der junge Silone schlägt sich jedenfalls auf die radikale, revolutionäre Seite jener, die die Bildung einer eigenständigen

kommunistischen Partei jenseits aller reformistischen Kompromisse anstreben. Ihr Wortführer ist Amadeo Bordiga, einst Chefredakteur der *Avanguardia*, Organ der sozialistischen Jugendorganisation, und nun Herausgeber des *Soviet*, in dem er eben diese Linie verficht. Ebenfalls auf dem linken Flügel, aber nicht so dezidiert für eine Spaltung der Sozialisten, ist die Gruppe um die Turiner Zeitschrift *Ordine nuovo*, darunter Antonio Gramsci und Palmiro Togliatti. Sie setzen vor allem auf die Institution der Betriebsräte für die Veränderung der Produktionsverhältnisse und damit der Gesellschaft.

Silone muss sich mit ganzer Kraft in die politische Arbeit gestürzt haben: Schon 1919 wird er zum Sekretär der Unione Socialista Romana ernannt, und im Januar 1922 dann wird ihm auf dem Kongress der sozialistischen Jugend die redaktionelle Leitung der *Avanguardia* anvertraut. Bis dahin hatte er nur ab und zu für den *Avanti!* geschrieben.

Seine politische ›Karriere‹ bedeutete zunächst noch keine finanzielle Absicherung. Der stolze junge Mann schlägt sich durch, so gut es geht, hat oft kein Dach über dem Kopf und kein Essen im Bauch. Eine Anekdote wirft ein deutliches Licht auf seine damalige Situation: Zur Weihnachtszeit läuft er durch die Straßen, zählt sein Geld, studiert die Speisekarte eines kleinen Restaurants und beschließt, sich eine warme Mahlzeit zu gönnen. Ein Bettler kommt ins Lokal, Silone gibt ihm ein Almosen, stellt dann aber beim Zahlen fest, dass das Geld nun nicht mehr reicht. Der Wirt kennt kein Pardon, und der Gast muss Mantel und Hut als Pfand hinterlassen. Frierend tritt er auf die Straße, da fällt ihm ein, dass Don Oriones Priester in einer nahe gelegenen Kirche untergebracht sind. Mit der vagen Hoffnung, vielleicht Don Orione selbst dort zu begegnen, macht er sich auf den Weg. Und tatsächlich, der Geistliche, den er lange nicht gesehen hat, kommt ihm entgegen, freut sich über das Wiedersehen und hilft ihm aus der Klemme.[9] Ein kleines Weihnachtswunder für den kirchenfernen Kämpfer.

Die Entfernung von der Glaubenswelt und den Wertvor-
stellungen seiner Kindheit war dem Jungsozialisten nicht
leicht gefallen:

»Alles wurde in Frage gestellt, alles wurde zu einem Problem. Im Augenblick des Bruchs fühlte ich, wie sehr ich mit allen Fasern meines Seins an
Christus gebunden war … Das kleine Lämpchen vor dem Tabernakel meiner liebsten Träume wurde von einem eisigen Windhauch ausgelöscht. Begriffe wie Leben, Tod, Liebe, Wahrheit, Gut und Böse veränderten ihren
Sinn oder verloren ihn ganz. Dennoch schien es leicht, allen Gefahren zu
trotzen, denn man war nicht mehr allein im Kampf.«[10]

Allein war man allerdings mit privaten und psychischen
Problemen, denn die wurden in der eingeschworenen politi-
schen Gemeinschaft ausgeblendet, galten als kleinbürgerliche
Schwäche.

Im Juli 1920 findet in Moskau ein Kongress der Kommunistischen Internationale (Komintern) statt, bei dem Lenin
21 Punkte formuliert, die für die Mitgliedschaft in der III.
Internationalen bindend sein sollen. Dieser Katalog zielt auf
den Ausschluss der sozialdemokratisch-revisionistischen Elemente und fordert die Bildung explizit kommunistischer Parteien. In Italien verschärfen diese Forderungen den Dissens
zwischen den verschiedenen Flügeln der sozialistischen Massenpartei. Es bildet sich eine kommunistische Fraktion, zu
deren achtköpfiger Führung auch Gramsci und Bordiga gehören.

Am 15. Januar 1921 versammeln sich im Teatro Goldoni in
Livorno die dreitausend Delegierten der Sozialisten zum 17.
Parteikongress. Die Forderungen der III. Internationale sind
auf der Tagesordnung, und die Spaltung liegt in der Luft. Silone, jedem kompromisslerischen Lavieren abgeneigt, trägt das
Seine dazu bei. Er überbringt die Grußbotschaft der Sozialistischen Jugend, die sich »heute in ihrer großen Mehrheit für
einen Anschluss an die III. Internationale ausspricht und morgen an die Kommunistische Partei, die aus diesem Kongress

hervorgehen wird«. Und er fordert unter frenetischem Applaus auf der einen, Tumult auf der anderen Seite, die kommunistischen Vertreter dazu auf, so wie vor dem Kreml im Gedenken an Karl Liebknecht die Strohpuppe Scheidemanns verbrannt worden sei, »hier die Strohpuppe der Einheit zu verbrennen«[11]. Erstaunlich, wie selbstverständlich der als wortkarg und verschlossen geltende junge Mann als Redner agiert.

Paul Levi, der Führer der deutschen USPD, startet einen letzten vergeblichen Vermittlungsversuch. Die anschließende Wahl macht das Kräfteverhältnis deutlich: Die sozialdemokratisch orientierte Fraktion bekommt fast doppelt so viele Stimmen wie die Kommunisten, doch diese sind nicht mehr willens, sich dem ›Diktat‹ der Mehrheit zu unterwerfen. Wiederum ist es die Sozialistische Jugend, die als Erste den Schlussstrich zieht: Sie löst sich endgültig von der Mutterpartei und erklärt, nur noch den Entscheidungen der kommunistischen Fraktion zu folgen. Und diese ruft alle ihre Anhänger auf, sich ins Teatro San Marco zu begeben, um dort die Kommunistische Partei Italiens zu konstituieren. Die Internationale singend marschieren sie hinaus und lassen einen großen Teil der italienischen Arbeiterbewegung, darunter die Vertreter der Gewerkschaften und die sozialistischen Parlamentarier, zurück – eine folgenreiche Entscheidung für die weitere geschichtliche Entwicklung Italiens.

Journalist und kommunistischer Aktivist

Während die neue Partei aufgebaut wird, nehmen die Übergriffe der Faschisten auf die Institutionen der nun gespaltenen Arbeiterbewegung drastisch zu. Die Wahlen, die Ministerpräsident Giolitti nach Auflösung des Parlaments für den Mai ansetzt, enden nicht nur mit einer katastrophalen Niederlage für die Kommunisten (während die Sozialisten 122 Sitze erhalten, müssen die Kommunisten sich mit 15 zufrieden geben), sondern auch insgesamt mit einer Schwächung der Linken im Parlament.

Nicht dass die Kommunisten auf einen parlamentarischen Weg zur Gesellschaftsveränderung gesetzt hätten, doch das Resultat der Wahlen spiegelt doch die allgemeine (Nicht-) Akzeptanz ihrer Politik wider. Natürlich ist auch Silone enttäuscht, der sich bis an die Grenzen seiner Kräfte (einmal ist er schon mit einem Blutsturz zusammengebrochen) im Wahlkampf engagiert hat. Doch die Genossen belohnen seinen Einsatz: Er wird in die Delegation gewählt, die im Juni zum Kongress der Internationalen nach Moskau reist. Die Aussicht, Lenin persönlich im Zentrum der Revolution zu begegnen, muss für den jungen Kämpfer das Nonplusultra schlechthin gewesen sein.

Die Eindrücke jener Reise hat Silone, wie alle anderen Erinnerungen auch, erst über dreißig Jahre später und von einer völlig anderen politischen Warte aus in *Notausgang* beschrieben. Daher ist verständlicherweise eher das festgehalten, was ihm schon damals zu denken gab, weniger das, was ihn überzeugt und begeistert haben muss. Eines aber hält er fest: »Der Enthusiasmus der russischen Jugend in jenen ersten Jahren der Erschaffung einer neuen Welt, von der alle hofften, dass sie menschlicher sein würde als die alte, war wirklich ein bewegendes Schauspiel.«[12] – Dagegen stehen Beobachtungen wie:

»Was mir bei den russischen Kommunisten auffiel, auch bei so außergewöhnlichen Persönlichkeiten wie Lenin und Trotzki, war ihr absolutes Unvermögen, mit einem Minimum an Loyalität über Ansichten zu diskutieren, die nicht den ihrigen entsprachen. Durch die bloße Tatsache, dass man ihnen zu widersprechen wagte, war man zum Opportunisten oder zum Verräter gestempelt. Einen Gegner aus ehrlicher Überzeugung konnten die russischen Kommunisten sich nicht vorstellen.«[13]

Der Faszination Lenins kann er sich dennoch nicht entziehen:

»Wenn er in den Saal kam, veränderte sich die Atmosphäre, elektrische Spannung lag in der Luft. Es war ein physisches Phänomen, fast mit Händen zu greifen: Die Begeisterung sprang über, übertrug sich wie im Petersdom von den Gläubigen nah des Papstsessels in einer Welle der Inbrünstigkeit bis zu den Grenzen der Basilika.«[14]

Als offene Gesprächspartner in Erinnerung bleiben Silone der Volkskommissar für Unterricht und Kultur Anatol Lunatscharski und Alexandra Kollontai, eine Revolutionärin der ersten Stunde. Beim Abschied macht sie eine Bemerkung, die schon die kommenden Schrecken des Stalinismus vorausahnen lässt: »Wenn du in der Zeitung liest, dass Lenin mich hat verhaften lassen, weil ich im Kreml silberne Löffel gestohlen habe, so bedeutet das einfach, dass ich in Problemen der Agrarpolitik oder der Industrialisierung nicht ganz derselben Ansicht war wie er.«[15]

Bei seinem ersten Aufenthalt in Moskau muss Silone erfahren, dass sich – nach dem Aufstand der Matrosen in Kronstadt und der Einleitung einer neuen Wirtschaftspolitik (NEP), die wieder kleine Unternehmen und Gewerbetreibende zuließ – auch die Haltung gegenüber den europäischen kommunistischen Parteien verändert hat. Während es Monate zuvor noch die strengen Forderungen der Komintern und Lenins 21 Punkte gewesen waren, die in Italien die Spaltung der Sozialistischen Partei und den kompromisslosen Kurs der Kommunisten ausgelöst hatten, war nun – aus Furcht vor einer fortschreitenden Isolation – die Losung »Einheitsfront« ausgegeben worden, mit der man wieder auf eine Zusammenarbeit von Kommunisten, Sozialisten und Sozialdemokraten setzte.

Eine überraschende Wende. Das bisherige kompromisslose Vorgehen hatte Silones jugendlich-revolutionärem Elan entsprochen, jetzt musste er feststellen, dass er und seine Genossen sich nicht mehr im Einklang mit den verehrten russischen Kommunisten befanden. Lenin warf den Italienern vor, dass sie die Kräfteverhältnisse im Lande nicht richtig einschätzten. Zwar könne auch eine Minderheitsbewegung als Avantgarde die Revolution auslösen, das setze aber voraus, dass, wie es in Russland der Fall gewesen war, ein Großteil der arbeitenden Bevölkerung und der Armee hinter dieser Bewegung stünden. Lenin hielt Bordigas Strategie der parlamentarischen Abstinenz für falsch, und auch Gramscis Konzentration auf die Betriebsräte als revolutionäre Zellen überzeugte ihn nicht.

Ungeachtet der Moskauer Direktiven hielten in Italien die Kommunisten jedoch mehrheitlich an ihrer Linie fest, selbst dann noch, als Sinowjew, Präsident der III. Internationalen, so etwas wie ein Ultimatum stellte: Die italienischen Kommunisten sollten angesichts der faschistischen Gefahr unverzüglich die Einheitsfront auf ihr Banner schreiben. Sinowjews Initiative kommt entgegen, dass die sozialistische Partei Italiens sich gespalten hat und die reformistischen Kräfte unter Filippo Turati eine eigene Partei unter dem Namen Partito socialista unitario italiano bilden. Im Hinblick auf eine angestrebte Vereinigung der proletarischen Kräfte soll laut Sinowjew die linkssozialistische (Rest-)Partei nun wieder zu den Kongressen der III. Internationalen eingeladen werden. Bordiga ist strikt gegen eine Fusion, Togliatti macht sie von der künftigen Entwicklung abhängig. Auch die meisten Sozialisten sind vom Moskauer Wunsch eher verblüfft: Weder Giacinto Serrati, Führer der Maximalisten, noch Pietro Nenni, der neue Chefredakteur des *Avanti!*, können sich mit diesem Plan anfreunden.

Faschistische Machtergreifung

Es ist eine Ironie des Schicksals, aber letztlich bezeichnend, dass sich genau in jenen Oktobertagen des Jahres 1922, als die Führung der italienischen Kommunisten in Moskau über den zukünftigen Weg der Arbeiterbewegung streitet, sich in ganz Italien die Faschisten zum Marsch auf Rom formieren. Die schwache Regierung unter Luigi Facta weiß ihnen nichts entgegenzusetzen, und König Vittorio Emmanuele III. gibt erneut dem Druck der Straße nach und beauftragt Mussolini am 28. Oktober mit der Bildung einer neuen Regierung.

Silone ist seit einiger Zeit Redakteur beim *Lavoratore* in Triest. Während die Marschkolonnen in Rom eintreffen, arbeitet er fieberhaft daran, eine klandestine Ausgabe der Zeitung mit dem Aufruf zum Widerstand herauszubringen. Schon sind die Stromkabel zur Druckerei unterbrochen, Scheiben werden eingeworfen, Redakteure verprügelt. Ziel ähnlicher ›Maßnahmen‹ werden Organe der Arbeiterbewegung im ganzen Land: In Mailand stürmen Faschisten die Redaktion des *Avanti!* und legen dort Feuer, in Turin schließen die Behörden den *Ordine Nuovo* und *Il Comunista* in Rom wird überfallen; Togliatti, der dort in der Redaktion sitzt, kann über die Dächer fliehen. Er ist einer der wenigen kommunistischen Führer, der nicht in Moskau ist.

Wenn auch die Abwesenheit der Funktionäre ein koordiniertes Vorgehen erschwerte, so hätte ihre Anwesenheit doch nichts Wesentliches an der Situation ändern können. Die Fehler waren, Silones späterer Einschätzung nach, unmittelbar nach Kriegsende von den Reformisten gemacht worden, als sie die aufflackernden Streiks in den Fabriken und auf dem Lande nicht zu koordinieren gewusst und sich mit gesetzgeberischen Reformen hatten abspeisen lassen, Reformen, die keine wirklichen Strukturänderungen schafften, aber das ›Gleichgewicht‹ zwischen Kapital und Arbeit doch soweit störten, dass sie den Mittelstand und die Unternehmer in die Arme der Faschisten trieben.

Die faschistische Machtergreifung ging, nachdem Mussolini zum Ministerpräsidenten ernannt worden war, zügig voran. Mit Zustimmung der bürgerlichen Parteien wurde im Dezember 1922 ein Ermächtigungsgesetz erlassen und im Januar 1923 die Freiwillige Miliz für die nationale Sicherheit gegründet, mit der man die Gegner in Schach hielt. Ende 1923 trat ein neues Wahlgesetz in Kraft, das der stärksten Partei mit mindestens einem Viertel der Stimmen zwei Drittel der Parlamentssitze zusprach, wodurch die Faschisten nach den Wahlen im April 1924 über eine breite Mehrheit verfügten.

Nichts schien ihre Herrschaft mehr zu gefährden. Dann wird im August der sozialistische Abgeordnete Giacomo Matteotti, der die Wahlergebnisse in Frage gestellt hatte, ermordet aufgefunden. Sozialisten, Volkspartei und ein Teil der Liberalen ziehen aus dem Parlament aus und versuchen, Mussolini zu stürzen. Das scheitert jedoch am Zögern des Königs. Der Duce zementiert daraufhin seine Macht mit Gesetzen, die ihn vom Parlament unabhängig, also zum Diktator machen. 1926 werden alle Parteien außer der faschistischen verboten, und die Pressefreiheit wird aufgehoben. Ein Sondergerichtshof für politische Verbrechen und die Geheimpolizei OVRA nehmen ihre Arbeit auf. Streiks sind verboten und die ehemals linken Gewerkschaften werden in Syndikate unter faschistischer Leitung überführt.

Nicht erst mit dem Parteienverbot wurde die Lage für die organisierten Kommunisten gefährlich. Schon 1923 war klar, dass eine politische Arbeit gegen den Faschismus nur mehr im Untergrund stattfinden konnte.

Bis Dezember 1922 arbeitete Silone beim *Lavoratore*, der trotz aller Schwierigkeiten noch – unregelmäßig – erschien. Dann wird der junge Redakteur festgenommen. Er kommt zwar im Januar wieder frei, steht aber nun auf der schwarzen

Liste der Faschisten, als »gefährliches Element« eingestuft. Seine Genossen machen sich um ihn Sorgen, auch weil sie befürchten, dass er gesundheitlich einem längeren Gefängnisaufenthalt, Verhören oder gar Folter nicht gewachsen ist. Er soll außer Landes, man denkt an Deutschland, wo die Kommunisten ebenfalls gegen die Einheitsfront sind.

Gabriella

Die Reise in die Fremde unternimmt Silone nicht allein. Er wird von seiner Freundin Gabriella Seidenfeld begleitet, einer Genossin, die sein Leben verändert hat. Sie ist drei Jahre älter als er, kommt aus einer ungarisch-jüdischen Familie, arbeitet als Bankangestellte in Fiume, wo Silone sie Ende 1921 bei einem Kongress kennenlernte. Sie hatte damals alles stehen und liegen lassen und war ihm nach Rom gefolgt. Durch seine Vermittlung ging sie für die von Willi Münzenberg gegründete Jugendinternationale nach Berlin, wo man eine Dolmetscherin für Deutsch und Italienisch brauchte. 1922 zog Gabriella dann zu Silone nach Triest. Eine junge Frau mit feuerrotem Haar und hellgrünen Augen, herzlich und humorvoll, verlässlich und stark – so ist das Bild, das man aus verschiedenen Beschreibungen von ihr gewinnt.

Für Silone bedeutete die Begegnung mit ihr einen tiefen Einschnitt. Die ausschließliche Konzentration auf die politische Arbeit und die Verdrängung all dessen, was zu seiner Vergangenheit gehörte, hatten zu einer inneren Erstarrung geführt, die schließlich sogar die sozialen Impulse lähmte, aus denen sich sein Engagement gespeist hatte. So jedenfalls sieht es Silone und gesteht es seiner Freundin in einem Geburtstagsbrief:

»Um besser widerstehen zu können, war ich im Geiste taub und stumm geworden … Dann bist Du gekommen. Gewiss ist, dass ich heute nicht mehr der von vorher bin. Ich bin … noch einmal geboren. Auch die Lust an der

Arbeit ist wiedergekehrt. Aber etwas Sonderbares ist dabei geschehen: Neugeboren werde ich wieder zu dem, der ich einmal gewesen bin, also ein Mann aus Pescina ... Im Grunde hat jeder sein eigenes Temperament, und ich bemerke, dass ich alles, was ich jetzt denke, schon mit fünfzehn gedacht habe. So hast Du, meine rote Jüdin, mich auf den Gemütszustand zurückgeführt, den ich hatte, als ich ins Seminar eintrat oder den Wahlkampf für Scellingo, den Abgeordneten der Armen, führte.«[16]

Berlin – Spanien – Paris

So begleitet Gabriella ihren Freund Anfang 1923 nach Berlin, wohin er mit einem falschen Pass auf den Namen Romano Simone ausreist – gerade noch rechtzeitig, denn in jenen Monaten konzentriert sich die faschistische Polizei auf die Verfolgung der Kommunisten. Anfang Februar werden bei einer landesweiten Razzia fast 50.000 Genossen festgenommen – all jene, die eine Funktion in der Partei, den Gewerkschaften oder den Gemeindeverwaltungen innehatten.

Über Silones Aufenthalt in Berlin ist nichts Näheres bekannt, nur dass er bald von Willi Münzenberg den Auftrag annimmt, für die Jugendinternationale ins ferne Spanien zu reisen. In Madrid arbeitet er dann auch als Korrespondent für die Pariser *Humanité*. Er taucht sogleich wieder in die politische Arbeit ein, knüpft Kontakte, besucht Versammlungen, geht zu Geheimtreffs – alles riskante Aktivitäten, die bei der spanischen Polizei Misstrauen erwecken. Bald schlägt sie zu und verhaftet die beiden Ausländer. Gabriella Seidenfeld kommt in das Madrider Frauengefängnis, wo sie eine Zelle mit gewöhnlichen Kriminellen teilt. Silone trifft es besser. Dank der Fürsprache eines spanischen Professors darf er in der Bibliothek des Gefängnisses arbeiten und bekommt einen Schlafplatz in der Krankenstation. Dort lernt er eine junge Nonne von ungewöhnlicher Ausstrahlung kennen, die ihm eine einfühlsame Gesprächspartnerin ist. Silone ist tief beeindruckt von der jungen Frau und ihrer Lebensentscheidung. Diese Nonne ist es auch, die ihn vor der Auslieferung ins faschistische Italien bewahrt. Es gelingt ihr, seine Verlegung nach Barcelona immer wieder hinauszuzögern. Als er schließlich dort eintrifft, hat das Schiff mit den Auszuliefernden bereits den Hafen verlassen. Erstaunlicherweise kommt Silone daraufhin frei.

Sofort sucht er sich wieder ein politisches Betätigungsfeld. Obwohl er wenig Spanisch und kein Katalanisch kann, arbeitet er für die radikale katalanische Wochenzeitung *La Battalla*. Wie seine Mitarbeit konkret ausgesehen hat, ist nicht bekannt. Lange hat sie jedenfalls nicht gedauert, denn Ende 1923 wird Silone erneut verhaftet und in das »Mustergefängnis« von Barcelona verbracht. An diese Haftzeit wird er sich später gern erinnern. Unter den Gefangenen sind viele politische Häftlinge, das ganze Spektrum der spanischen Linken ist dort repräsentiert, »großartige Männer«, wie Silone noch 1956, als er schon längst jeder Ideologie abgeschworen hat, in einem Artikel versichert.[17] Nicht nur die Bekanntschaft mit diesen Kämpfern, sondern auch die Lektüre von Dostojewskij taucht ihm im Nachhinein den Gefängnisaufenthalt in ein freundliches Licht. »Ich verlor jeden Sinn für Zeit und Ort. Als ich diese Bücher las (*Die Brüder Karamasow* und *Der Idiot*), verflüchtigten sich die engen Wände der Zelle. Was waren das für wundervolle Tage …«[18] Es ist ein ähnliches Erlebnis wie die Tolstoj-Lektüre in seiner Jugend; voller Begeisterung hatte der Junge den Bauern der Lega daraus vorgelesen, dabei allerdings sehr konkret erfahren, was Bildungsschranken sind.

Die »wundervollen« russischen Tage in Barcelona haben bald ein Ende, weil wieder die Auslieferung nach Italien ansteht – diesmal über Marseille. Dort gelingt es ihm zu fliehen und sich nach Paris abzusetzen. Silone gehörte nicht zu den Menschen, die sich mit ihren Abenteuern brüsten, folglich sind auch über diese Flucht keine Einzelheiten bekannt. In Paris angekommen versucht er, sich sofort wieder als Redakteur von *La Riscossa*, einer Zeitung für italienische Emigranten, politisch einzusetzen.

Das Jahr 1924 bringt große Umwälzungen in der kommunistischen Bewegung. Lenins Tod hat Folgen für den gesamten kommunistischen Führungsapparat. In Moskau sind nun Stalin, Sinowjew und Kamenew die bestimmenden Männer, die über die III. Internationale ihren Einfluss auf Europa geltend machen. In Italien ist Bordigas Linie gegen die Einheitsfront in die Kritik geraten. Gramsci, der sich von Moskau nach Wien begeben hat, entscheidet sich angesichts der faschistischen Machtentfaltung nun ebenfalls für die Einheitsfront und versucht, auch durch die Gründung der Zeitung *L'Unitá*, das gesamte Spektrum der antifaschistischen Kräfte zu erreichen. Er kandidiert bei den Wahlen im April für eine Liste der proletarischen Einheit. Diese bekommt immerhin 19 Sitze, Gramsci ist einer der gewählten Abgeordneten und kann daher – kurz vor dem Parteienverbot – nach Italien zurückkehren.

Es ist eine durch und durch widersprüchliche Situation: Die so hart verfolgten Kommunisten sitzen – trotz anhaltender Repressionsmaßnahmen – wieder im nunmehr von einer breiten faschistischen Mehrheit beherrschten Parlament.

Nach dem bereits erwähnten Mord an dem sozialistischen Abgeordneten Matteotti im Juni will Gramsci sich nicht mit dem Auszug aus dem Parlament begnügen. Zum Sturz Mussolinis ruft er zum Generalstreik auf, der von den Sozialisten jedoch nur teilweise unterstützt und damit kein großer Erfolg wird.

Silone verfolgt die Ereignisse von Frankreich aus und versucht, sie für seine Agitationsarbeit zu nützen. Dabei steht ihm bald auch wieder Gabriella Seidenfeld zur Seite, die endlich in Spanien freigelassen und dann ausgewiesen worden ist. Von den gleichen Idealen bewegt, setzen sie ihre ganze Arbeitskraft für den Kommunismus und gegen den Faschismus ein. Die französische Polizei beobachtet diese Aktivitäten und nimmt Silone Ende des Jahres fest. Anfang 1925 wird er nach Italien abgeschoben.

Illegale Arbeit in Italien

Nach zwei Jahren ›Auslandserfahrung‹, politischer Arbeit und Gefängnis, kehrt Silone trotz aller Gefahr nicht ungern in die Heimat, also in das Zentrum des politischen Kampfes zurück. Die Partei zahlt ihm und Gabriella einen bescheidenen Sold, was sie unabhängiger von den Alltagssorgen macht. Silone, der Abteilung für Presse und Propaganda zugeteilt, sichtet und bündelt die verfügbaren Nachrichten, die dann von Kurieren übers Land verteilt werden. Gabriella unterstützt ihren Freund, recherchiert, schreibt und übernimmt auch Kurierdienste.

Die Flügelkämpfe zwischen Bordiga und Gramsci haben sich zugespitzt. Bordiga bleibt kompromisslos, während Gramsci sich um eine breitere Massenbasis für die Partei bemüht. Silone stellt sich auf die Seite Gramscis, der auch theoretisch und kulturell das weitreichendere politische Konzept zu haben scheint.

Aus heutiger Sicht ist eine Beurteilung schwierig. Einerseits sind Gramscis Analysen und Thesen nach wie vor bedenkenswert, während Bordiga für ein sektiererisches Revolutionskonzept steht. Andererseits ist zu beachten, dass Gramsci damals auf Stalins Kurs eingeschwenkt ist, während Bordiga, durchaus vorausschauend, Stalins zentralistisches Modell anprangerte und die Unabhängigkeit der europäischen kommunistischen Parteien im Sinne einer landesspezifischen Vielfalt der politischen Ansätze forderte (womit er sich in Moskau endgültig unbeliebt machte).

Nach Gramsci sollte die Partei jedoch keineswegs im antifaschistischen Widerstand aufgehen. Als Republikaner und ein Teil der Sozialisten die Concentrazione repubblicana zum Sammelbecken linker Strömungen gegen den Faschismus proklamieren, reagieren die Kommunisten abweisend. Und es ist Silone, der (nun tatsächlich unter diesem Tarnnamen) in *L'Unitá* dagegen agitiert: »Die Schaffung der Concentrazione repubblicana ist ein Manöver der Bourgeoisie. Es liegt im Interesse der bürgerlichen Klasse, die Bedingungen des politischen Kampfs auf eine Antithese festzulegen, die nicht ihre Herrschaft, sondern nur die Beschaffenheit der politischen Institutionen betrifft.« Er sieht darin den Versuch, die Herrschaft der Bourgeoisie über die Zeit des Faschismus hinaus abzusichern und folgert, »die Concentrazione repubblicana konstituiert sich in Wirklichkeit nicht gegen den Faschismus, sondern gegen das Proletariat«[19].

Im Jahr 1926 reist Silone erneut nach Moskau, wo er die Veränderungen seit Lenins Tod registriert. Nicht zuletzt irritiert ihn der Kult um den buchstäblich mumifizierten Lenin – und eine Episode, die er in diesem Zusammenhang mit seinem Freund Lazar Schatzki, dem Führer der kommunistischen Jugend, erlebt. »Ich schlug ihm kurzerhand vor, uns einige Kanister Benzin zu besorgen, auf eigene Faust eine kleine ›Revolution‹ zu veranstalten und das Mausoleum anzuzünden … ich hatte nicht erwartet, dass er auf meinen Vorschlag eingehen würde, aber ich dachte doch, dass er wenigstens lachen und begreifen würde, was ich mit der Behauptung, Revolutionen seien immer wieder nötig, gemeint hatte.« Der Freund lachte jedoch nicht, sondern wurde von panischem Schrecken ergriffen und bat, »nie wieder so etwas Schreckliches zu sagen, nicht vor ihm und erst recht nicht vor anderen Menschen«[20]. Zehn Jahre später, so berichtet Silone, wurde Schatzki als Anhänger Sinowjews verfolgt und stürzte sich aus einem Fenster im fünften Stock.

Im Nachhinein bekam damit dieser Vorfall für Silone eine besondere symbolische Bedeutung – wie auch eine andere

Episode. In der Internationalen wurden die Probleme der englischen Gewerkschafter diskutiert, denen der Ausschluss aus den Trade Unions drohte, wenn sie dort weiterhin als kommunistische Fraktion aktiv blieben. Ein russischer Delegierter hatte die Lösung: Sie sollten einfach erklären, dass sie sich der geforderten Disziplin beugten, in der Praxis aber genau das Gegenteil tun. Auf den empörten Einwurf des englischen Kommunisten – »Aber das wäre eine Lüge« – erhob sich ein schallendes Gelächter, »ein Gelächter, das sich in Windeseile durch ganz Moskau fortsetzte, denn die erheiternde, unglaubliche Antwort des Engländers wurde sofort an die wichtigsten staatlichen Stellen und Stalin selbst telefonisch weitergegeben«. Togliatti soll in diesem Zusammenhang zu Silone gesagt haben: »Wenn man ein Regime beurteilen will, ist es sehr wichtig zu wissen, worüber die führenden Leute lachen.«[21]

Seine Rückkehr nach Pescina im gleichen Jahr hat Silone nicht so lebendig beschrieben. Es muss ein enttäuschendes Erlebnis gewesen sein. Mit Gabriella war er in die Abruzzen gereist, wohl um ihr seine Heimat zu zeigen, aber auch um sich über die politische Lage im Fucino zu informieren. Dort wurde er von der Polizei beschattet und von Bekannten und Verwandten eher abweisend behandelt. So fühlte er sich als Fremder in seinem vertrauten Umkreis, eine Erfahrung, die auch seine Romanfiguren machen werden, die nach Exil oder Gefangenschaft zurückkehren, von den Daheimgebliebenen misstrauisch beäugt.

In Pescina muss er auch Nachrichten über seinen Bruder Romolo bekommen haben, der allen, die sich um ihn kümmerten, zunehmend Sorge bereitete. Er wird als ein lebhafter, sportlicher und unsteter junger Mann geschildert, der sich nicht in die Schuldisziplin fügen konnte, dafür einen gewissen politischen Aktionismus an den Tag legte, verbotene Versammlugen besuchte, dem Bruder nacheiferte, aber nicht dessen Berufung zur kontinuierlichen parteipolitischen Arbeit verspürte. Er wechselte mehrmals die Schule und wurde, nachdem er sich in diversen Städten herumgetrieben hatte, von dem für ihn zuständigen Patronat Regina Elena an die Oberschule in Velletri geschickt, die er laut Silone nicht lange besuchen konnte, da er auf Betreiben des örtlichen faschistischen Rats relegiert wurde.[22] Als ihn keine andere Schule mehr annahm, riet ihm Silone, ein Handwerk zu erlernen, und empfahl ihn an eine kleine Druckerei in Rom, die jedoch bald Bankrott machte. Die Hoffnung, eine andere Anstellung zu finden, zerschlug sich. Schließlich kehrte Romolo von der Not getrieben nach Pescina zurück, wo ihn ein älterer Vetter, Pomponio Tranquilli, aufnahm – von der Großmutter abgesehen offensichtlich das einzige Familienmitglied, das noch Kontakt zu den Brüdern pflegte, zuweilen auch Silone oder seinen politischen Freunden Unterschlupf gewährte.

Ob Silone den Bruder bei seinem Besuch in Pescina noch dort antrifft, ist nicht klar. – Überhaupt sind die Informationen, die das Verhältnis der Brüder betreffen, auch die sparsamen Äußerungen des Autors dazu, recht widersprüchlich und vage. Das gilt allerdings für fast alles, was Silones Privatleben betrifft, und lässt sich nicht nur mit der bekannten Zurückhaltung des Autors erklären. Das Leben eines Berufsrevolutionärs und Untergrundkämpfers hatte nach außen hin möglichst undurchschaubar zu sein. Tarnung war eine Frage des Überlebens. Man wechselte die Namen wie die Wohnorte und die Kontaktpersonen. Kein Wunder, dass es auch keine Fotos aus der Zeit gibt. Persönliche Beziehungen waren eine Gefahrenquelle. Silone verhielt sich dementsprechend und hat auch später nicht näher über diese abgeschlossene Epoche seines Lebens berichtet. Daher begleiten so viele Fragen und Mutmaßungen seine Biografie. Man könnte die These aufstellen, dass der Versuch, die bestehende bürgerliche Gesellschaft zu dekonstruieren, auch zu einer Dekonstruktion der Biografie des einzelnen Kämpfers geführt hat.

Was Romolo angeht, so kann man davon ausgehen, dass Silone zu diesem letzten Überlebenden seiner Kleinfamilie ein emotional enges Verhältnis hatte, dass er sich verantwortlich für ihn fühlte und wohl auch ein schlechtes Gewissen hatte, weil er sich aufgrund der Umstände nur wenig um ihn kümmern konnte. Zugleich muss der Ältere, der sich ein großes Maß an Selbstdisziplin auferlegte, verärgert, vor allem aber besorgt über Romolos Treiben gewesen sein, da das Repressionsnetz der Faschisten immer enger wurde.

Im Oktober 1926 verschärft sich die politische Lage noch einmal entscheidend, als ein Fünfzehnjähriger in Bologna einen Pistolenschuss auf Mussolini abgibt. Der Duce bleibt unverletzt und nutzt die Situation, um seine Gegner endgültig kaltzustellen. Das Attentat ist Anlass für die Aufhebung der Presse- und Versammlungsfreiheit sowie für das Parteienverbot. Eine neue Verhaftungswelle setzt ein, der neben anderen kommunistischen Funktionären auch Gramsci zum Opfer fällt. Die wachsenden Divergenzen zwischen Togliatti, der in Moskau bei der Komintern auf Bucharins Kurs eingeschwenkt ist, und Gramsci, der mit wachsender Beunruhigung die Isolation Trotzkis und anderer alter Kämpfer beobachtet und dagegen opponiert hatte, können somit nicht ausgetragen werden. Togliatti wird zwangsläufig Führer der Kommunisten, die jetzt vollkommen in die Illegalität gedrängt sind und sich, dezimiert, neu organisieren müssen. In dieser prekären Lage wird der sechsundzwanzigjährige Silone nun sogar Mitglied des Zentralkomitees.

Im Inland baut Camilla Ravera, eine Genossin der ersten Stunde, das illegale Netz aus. Von ihr stammen auch Zeugnisse über den Silone jener Epoche (der nun den Decknamen Pasquini führt). Er ist für die Presse- und Propagandaarbeit zuständig – sofern man unter den herrschenden Bedingungen noch davon sprechen kann. Silone schreibt jedenfalls die politischen Orientierungspapiere, die an die noch vorhandenen

Basisorganisationen gehen, und schafft es auch, ab und zu die *Unitá* herauszubringen. Er ist seinen Begabungen gemäß eingesetzt: Seine Stärke liegt im analytischen Bereich und in der Vermittlung. Seine politische Arbeit hat er von Anfang an vor allem durch Schreiben geleistet. Dennoch überrascht ein Urteil Gramscis aus jener Zeit. Camilla Ravera hatte ihm gegenüber die politischen Fähigkeiten Silones gepriesen, woraufhin Gramsci gesagt haben soll: »Ja, aber wir müssen stets bedenken, dass Silone kein Politiker ist, er ist ein Literat. Wir müssen ihm die Möglichkeit offen lassen, sich auch als solcher zu entwickeln, und ihm keine zu großen Aufgaben in der Politik geben.«[23] Eine erstaunliche Einschätzung, wenn man bedenkt, dass Silone noch keinen einzigen literarischen Text geschrieben hatte. Er war jedoch bekannt für seine entschiedene Abneigung gegen eine phrasenhafte politische Rhetorik, für seine trockene Ironie und für seine Sensibilität (Camilla Rivera erinnert sich daran, dass schon die leiseste Kritik ihn in tiefe Selbstzweifel stürzen konnte). Seine Überzeugungskraft setzte er für den Kampf gegen den Faschismus ein, einen Kampf, den er für eine langwierige, nur in Bündnissen zu bewältigende Aufgabe hielt. Die Argumente der kommunistischen Jugend unter Luigi Longo, die einen radikaleren Kurs fordert, wies er zurück.

Seine Arbeit ist für die Partei von so großem Wert, dass man ihm, entgegen dem Rat Gramscis, immer mehr und immer wichtigere politische Aufgaben überträgt und dann auch ins Politbüro beruft. – Die Partei wird von einem Außenbezirk Genuas aus geführt. Dort wohnt Silone zusammen mit Gabriella Seidenfeld und drei anderen Genossen in ›la casa dell'ortolano‹, einem Haus, dem ein großer Obst- und Gemüsegarten einen bäuerlichen Anstrich gibt. Camilla Ravera lebt mit anderen Führungsmitgliedern in der Nähe.

Zweifel an Moskau

Im Mai 1927 reist Silone als Vertreter der kommunistischen Inlandsfront zum 8. Plenum der Komintern nach Moskau. Es handelt sich gewissermaßen um den Höhepunkt seiner politischen Karriere und zugleich um den Anfang von ihrem Ende. Wieder gibt eine Schlüsselsituation, die hochkondensiert die politischen Widersprüche spiegelt, seinem Leben eine Wende. In *Notausgang* hat Silone darüber berichtet. Es ging um ein kritisches Papier Trotzkis zur chinesischen Frage. Die Delegierten wurden dazu aufgefordert, mit einer Resolution Trotzkis Position zu verurteilen. Silone meldet sich zu Wort, bedauert zu spät gekommen zu sein und deshalb Trotzkis Papier nicht zu kennen. Die überraschende Antwort Thälmanns: »Wir kennen das Dokument auch nicht.« Da Togliatti und Silone darauf bestehen, keine Verurteilung ohne Kenntnis des Dokuments zu unterzeichnen, weist Stalin den bulgarischen Delegierten an, den Italienern die Umstände näher zu erklären. Was dieser dann auch tut: Es gehe gar nicht um das Papier, sondern darum, die Minderheit um Trotzki zu isolieren. Als Togliatti und Silone am nächsten Tag weiterhin auf ihrer Position bestehen, zieht Stalin die Resolution zurück, da sie nur einstimmig angenommen werden könne. Doch diese ›demokratische‹ Entscheidung entlarvt sich im Nachhinein als Verfahrenstrick. Auf der Rückfahrt von Moskau liest Silone in Berlin, dass die Komintern das China-Papier Trotzkis verurteilt hat, woraufhin er Thälmann zur Rede stellt. Laut Statuten, so dieser, sei der Vorstand berechtigt, in Dringlichkeitsfällen im Namen der Exekutiven zu entscheiden, und das habe man eben nach ihrer Abreise getan.

Silone ist empört und deprimiert, umso mehr, da es sich nicht um das einzige beunruhigende Erlebnis dieser Reise handelt. Er hat gesehen, wie der in Ungnade gefallene Sinowjew, obwohl Mitglied der Exekutiven, von der Polizei daran gehindert wurde, den Versammlungssaal zu betreten. Er hat das bedrohliche Misstrauen gespürt, das ihnen entgegengebracht wurde, weil sie noch freundlichen Umgang mit Trotzki (»ein alter Löwe, den man in eine Falle gelockt hatte«) pflegten. Und er hat von einem italienischen Flüchtling gehört, dass die Arbeiter in den russischen Fabriken nicht nur miserabel bezahlt werden, sondern auch keinerlei Mitbestimmung oder Interessenvertretung haben.

Diese Reise war es, die in Silone grundsätzliche Zweifel aufkommen ließ. »War dies das wahre Gesicht des Kommunismus? Dienten die Menschen, die ihr Leben aufs Spiel setzten oder im Gefängnis dahinsiechten, einem solchen Ideal?«[24] Bis zu seinem endgültigen Bruch mit der Partei sollten noch drei Jahre vergehen. Er selbst erklärt diese lange Zeit damit, dass er viel zu sehr mit der italienischen Situation und der illegalen Arbeit befasst gewesen sei, um den russischen Machtkämpfen grundsätzliche Bedeutung beizumessen. Wie so viele Kommunisten im Westen ging er – durchaus marxistisch – wohl auch davon aus, dass der Sozialismus in Europa sich schon aufgrund der unterschiedlichen ökonomischen, sozialen und kulturellen Bedingungen einmal ganz anders als in der Sowjetunion entwickeln würde. Der Gedanke, dass im Kommunismus dessen Entartung strukturell angelegt und damit zwangsläufig sei, lag ihm damals noch fern. Und so stürzte er sich nach seiner Rückkehr wieder ganz in die politische Arbeit, was ihm umso notwendiger erscheinen musste, als eine Reihe der Untergrundgruppen aufgeflogen war und immer mehr Genossen in den Gefängnissen saßen.

Trotz der schwierigen Bedingungen schrieb er im Oktober für den *Stato operaio*, ein Blatt, das in Paris von dem Exilkommunisten Angelo Tasca betreut wurde, einen grundlegenden Essay mit dem Titel »Bourgeoisie, Kleinbürgertum und Faschismus«. Darin analysierte er – durchaus auf Gramscis Linie – warum sich Teile des Kleinbürgertums und der Bauernschaft

dem Faschismus zugewandt hatten und dann von ihm enttäuscht worden waren. Die zunehmende Bürokratisierung
des Regimes und seine Abhängigkeit vom Großkapital müss-
ten – so Silone – eben diese Schichten für eine andere Alternative empfänglich machen. Er betont die Notwendigkeit, den
Agrarsektor in die kommunistische Kampfstrategie einzu-
beziehen und dabei neben der objektiven Klassensituation
auch die spezifische Bewusstseinslage zu berücksichtigen.

Flucht in die Schweiz

Im November 1927 wird die Lage in Italien zu gefährlich, und
Silone muss sich in die Schweiz absetzen. Er kommt nach
Lugano, wo bereits Togliatti, die Ravera und ein paar Füh-
rungskader ihre Arbeit im Untergrund fortsetzen. Im Januar
1928 wird das Parteizentrum nach Basel verlegt und dort auch
der Parteitag abgehalten, bei dem Silone eine der Grundsatz-
reden hält; er spricht über die Situation in Süditalien.

Im Februar stirbt ein junger kommunistischer Journalist,
Gastone Sozzi, im Gefängnis in Perugia. Die offizielle Version: Selbstmord. Die Partei hat Hinweise darauf, dass er zu
Tode gefoltert worden ist, und bringt den Fall an die Öffentlichkeit. Silone fährt nach Paris und organisiert von dort aus
eine Informationskampagne über die Lage der politischen Gefangenen und die Menschenrechtsfrage in Mussolinis Italien.
An diese Kampagne hängt sich die Concentrazione reppu-
blicana an, und es gelingt ihr, damit ihren Einfluss unter den
italienischen Emigranten zu erweitern – ein Umstand, den Silone nach seiner Rückkehr heftig kritisiert. Er plädiert für ver-
stärkte Agitationsarbeit der Partei unter den Emigranten und
kümmert sich auch selbst darum.

Romolo im Gefängnis –
Was hat Silone für ihn getan?

Als Silone die Kampagne um den Fall Sozzi führt, weiß er noch nicht, dass ihn das Thema Gefängnis und Menschenrechte auch sehr persönlich betreffen wird. Am 12. April 1928 geht in Mailand, wenige Minuten vor der Ankunft des Königs, eine Bombe hoch. Es gibt zwanzig Tote. Ein paar Tage später wird der vermeintliche Attentäter festgenommen: Es ist Romolo Tranquilli, Silones Bruder. Von der Polizei kontrolliert, versucht er zu fliehen, verletzt sich beim Sprung aus dem Fenster, wird gefasst, und man entdeckt zwei Pläne in seiner Tasche, die angeblich den Ort des Attentats, tatsächlich aber eine Piazza in Como zeigen. Dort sollte sich Romolo, der vor kurzem in die KP eingetreten war, mit Luigi Longo treffen, um von ihm gefälschte Ausreisepapiere zu erhalten. In der Schweiz wollte er sich seinem Bruder anschließen.

Die Verwandtschaft mit Silone wird entdeckt und eine abenteuerliche These in die Welt gesetzt: Das Attentat sei beim letzten Moskauaufenthalt Silones geplant und dann nach Silones Anleitung von seinem Bruder ausgeführt worden. Romolos Leidensweg durch italienische Gefängnisse beginnt. Ihm droht die Todesstrafe. Misshandlungen und harte Haftbedingungen führen dazu, dass der früher so sportliche junge Mann wie schon sein Bruder an Tuberkulose erkrankt. Don Orione, der den Kontakt zu dem eigensinnigen Jungen gehalten hatte, setzt sich abermals für ihn ein, kommt ihn auch besuchen. Und Silone versucht, Romolo vom Ausland aus zu retten. Er verschafft ihm einen Rechtsanwalt, bringt den Fall in die internationale Presse und findet einflussreiche Fürsprecher für den Bruder. Er lässt ihm Geld im Gefängnis zukommen, um seine Lage erträglicher zu machen. Romolo seinerseits versucht, trotz seines elenden Zustands, den Bruder zu beruhigen: Er lese jetzt Dante und Petrarca, sei also in guter Gesellschaft.

Die Frage, wie weit Silone bei seinem Einsatz für Romolo gegangen ist, liefert noch heute Stoff für Spekulationen. Es gibt Indizien dafür, dass er sogar Kontakte zur OVRA, der faschistischen Geheimpolizei, geknüpft und dem Bruder durch nichts sagende Informationen Vorteile zu erwirken versucht hat. Bei dem Studium der Akten der OVRA sind neuerdings mit dem Namen Silvestri gezeichnete Briefe aufgetaucht, als deren Autor Silone in Frage kommt. Darunter befindet sich ein sehr persönlich gehaltener Brief vom 13.4.1930 an Guido Bellone, einen hohen Polizeibeamten, in dem Silvestri von seinem Wunsch spricht, sich gänzlich von der Partei und der politischen Arbeit zu lösen sowie alles Zweideutige aus seinem Leben zu verbannen.[25] Sowohl inhaltlich als auch stilistisch ist dieser Brief, der die damalige Situation des emigrierten Kommunisten schildert, durchaus Silone zuzuordnen. Verfänglich daran ist der Adressat und die Tatsache, dass Silvestri mit diesem Abschiedsbrief »eine lange Etappe des loyalen Rapports« endgültig beschließen will. Es bleibt die Frage, welcherart die Beziehungen zu diesem hohen Beamten gewesen sein mögen.

In Italien ist 1999 unter Historikern und in der Presse eine hitzige Debatte darüber ausgebrochen, ob das Silone-Bild grundlegend revidiert und der Antifaschist Silone nunmehr als faschistischer Agent betrachtet werden muss. Verwunderlich ist dabei nur, dass diese Akten erst jetzt ausgewertet werden, obwohl sie schon in den fünfziger Jahren zugänglich waren (als es sowohl bei den Christdemokraten als auch bei den Kommunisten ein begründetes Interesse gab, Silone zu diskreditieren). Den belastenden Dokumenten, die Dario Biocca und Mauro Canali in der Zeitschrift *Nuova storia contemporanea* vorgelegt haben (darunter nicht eindeutig zuzuordnende Berichte, die bis in das Jahr 1924 zurückreichen), stehen Aussagen anderer Historiker gegenüber, die diese Dokumente als irrelevant bzw. sogar als Fälschungen betrachten und zu Silones Entlastung anführen, dass er nicht in den nach dem

Krieg veröffentlichten Namenslisten der Spitzel aufgeführt ist.[26]

Die Debatte ist in den vom Centro Studi I. Silone in Pescina herausgegebenen *Quaderni Siloniani* dokumentiert. Eine endgültige Klärung der aufgeworfenen Fragen steht jedoch noch aus, und es ist ungewiss, ob sie von der Geschichtsforschung geleistet werden kann.

Nicht nur gemäß der Devise *in dubio pro reo* sollte man Silones Integrität nicht grundsätzlich anzweifeln: Die politisch-intellektuelle Entwicklung und der Lebensweg des Schriftstellers zeigen, bei allen Brüchen, doch eine solche Konsequenz, dass die Annahme, er sei von früh an nur ein Agent gewesen, keinen Sinn ergibt. Sollten sich dennoch die Vorwürfe als stichhaltig erweisen und es keine Erklärung dafür geben, die über den simplen Verrat hinausgeht, so müsste man – in Silonischen Parametern – sein umfangreiches Prosawerk wohl als lebenslange Sühne für die Verfehlungen aus der Jugendzeit ansehen.

In jedem Fall bleibt Romolos Geschichte ein dunkles Kapitel in Silones Leben. Der Autor hat sich nur widerwillig dazu geäußert. Seine Frau Darina berichtet, dass er auch ihr gegenüber kaum mitteilsamer war. Lag das in der Tatsache begründet, dass er in diesem Zusammenhang Kompromisse eingegangen war, zu denen er nicht stehen konnte, oder war es einfach zu schmerzhaft für ihn, dass er den Bruder, der ihm doch nacheiferte, nicht hatte retten können? Befremdlich dabei ist, dass er dessen kurze Mitgliedschaft in der Kommunistischen Partei abstritt, obwohl es eindeutige Beweise dafür gibt. In *Notausgang* schildert er das Bekenntnis des Bruders zu den Kommunisten vor Gericht als ein freiwilliges Opfer (Romolo hatte ihm geschrieben, er habe sich so verhalten, wie er, der Bruder, es getan hätte). Dieses Opfer habe ihn, den Älteren, daran gehindert, sich früher von den Kommunisten zu lösen.[27]

Erst drei Jahre nach Romolos Festnahme wurde das Urteil gefällt: Zwölf Jahre Haft wegen regierungsfeindlicher Aktivitäten und dem Versuch, illegal das Land zu verlassen. Seine Widerstandskraft reichte nur für wenig mehr als ein Jahr aus. Im Oktober 1932 starb Romolo an einer unzureichend behandelten offenen Tuberkulose. »Haft und Tod meines Bruders haben nicht aufgehört, mich im Innersten zu quälen. Denn ohne mich wäre es dazu nicht gekommen ... eine Art von Schmerz, die schwer mitzuteilen ist.«[28]

Machtkämpfe und Gewissenskrise

Romolo stirbt, als Silone bereits aus der Kommunistischen Partei ausgeschlossen worden ist. Aber zum Zeitpunkt von Romolos Festnahme war er, das brüderliche Vorbild, noch an vorderster Front in die Parteiarbeit integriert.

Da er bei Stalin ungünstig aufgefallen war, gehörte Silone allerdings nicht mehr zur italienischen Delegation beim VI. Kongress der Komintern im Sommer 1928. Der Kongress gibt eine neue Parole aus, die der bisherigen Einheitsfrontpolitik widerspricht. Ab nun wird die Sozialdemokratie als Hauptfeind betrachtet, selbst auf die Gefahr hin, dass man in Deutschland damit den Nationalsozialisten den Weg ebnen könnte. Angelo Tasca, der Führer der italienischen Delegation, ist entsetzt über den Zustand der Komintern und über Stalins Agrarpolitik, über die Zwangskollektivierung und den damit verbundenen Krieg gegen die Bauern.[29] Als er seine Beobachtungen beim Parteikongress der italienischen Kommunisten im März 1929 in Paris (die Schweiz hatte die kommunistischen Führer ausgewiesen) vorträgt, trifft er auf harsche Kritik. Auch Silone stellt sich gegen Tasca: Man dürfe die Bindung an die Komintern und an Moskau nicht schwächen. Kurz darauf, beim antifaschistischen Kongress in Berlin, vertritt er jedoch nicht die Moskauer Sozialfaschismus-Theorie, sondern setzt sich erneut für die Aktionseinheit ein.

Sein Gesundheitszustand hat sich in den letzten Monaten verschlechtert, er muss eine Ruhepause einlegen und wird schließlich in ein Sanatorium in Davos eingewiesen. Fast scheint es, als sei der neuerliche Ausbruch der Tuberkulose auch eine Antwort seines Organismus auf die ihn immer stärker bedrängenden politischen Widersprüche.

Tatsächlich fällt sein Rückzug mit der Eskalation der Machtkämpfe in der Komintern und in der russischen KP zusammen. Stalin stellt nach Trotzki nun u. a. Sinowjew, Kamenew, schließlich auch Bucharin kalt; die Epoche der Schauprozesse und der Verfolgungen kündigt sich an. Auch die italienischen Kommunisten geraten in die Schusslinie. Sie sollen den kritischen Angelo Tasca ausschließen; Togliatti fügt sich, um eine Auflösung der Partei und eine Neukonstituierung unter Stalin-genehmer Führung zu vermeiden. Seine Hoffnung auf eine unabhängige italienische Politik zerschlägt sich. Der Kreml sieht – anders als Togliatti – Italien in einer revolutionären Situation und verlangt, dass die Parteiführung nach Italien zurückkehrt, um den Kampf voranzutreiben. Da diese Linie im Politbüro von Luigi Longo und Pietro Secchia unterstützt wird, lenkt schließlich auch Togliatti ein.

Nach seinem Schwenk versucht Togliatti, Silone, mit dem er sich auch in der Zwischenzeit immer wieder beraten hatte, auf seine Seite zu ziehen. Er drängt ihn, zu der ZK-Tagung im Januar 1930 zu kommen. Silone erscheint nicht, schickt jedoch eine Erklärung, in der er dagegen Position bezieht, den Kampf in Italien anzufachen; man gefährde die Genossen unnötig, da keine Aussicht auf Erfolg bestehe. Paolo Ravazzoli und Pietro Tresso, zwei Mitglieder des Politbüros, die den Schwenk Togliattis nicht mitgemacht haben, glauben in Silone einen Verbündeten gefunden zu haben.

Die Entscheidungen werden jedoch in Moskau gefällt. Wem es gelingt, die Unterstützung der Komintern zu gewinnen, der hat den Machtkampf für sich entschieden. Und so kommt es, dass sowohl Togliatti als auch Ravazzoli sich am Ende darauf verlegen, in Moskau Silone als verantwortlich für das nichtkonforme Verhalten der Italiener hinzustellen. Togliatti gewinnt schließlich mit einem uneingeschränkten Bekenntnis zu den Entscheidungen der Komintern die Oberhand.[30]

Silone erfährt von den Vorgängen und schickt im März eine neue Erklärung an das ZK. Darin bekennt er sich zu den in Moskau getroffenen Entscheidungen, wehrt sich aber gegen den Vorwurf des Opportunismus. Seine Verteidigung endet mit einer sarkastischen Volte: »Damit will ich nicht behaupten, dass ich gegenüber den Genossen, die in Moskau für diese Resolution gestimmt haben, in der ›Opportunismus in der Praxis‹ quasi mit Feigheit gleichgesetzt wird, ein Held der Tapferkeit bin.«[31] Es folgen eine Reihe von Intrigen, in denen Silone mal hofiert, mal verleumdet wird. Seine Enttäuschung über die ehemaligen Mitkämpfer und seine Empörung über diese Art von Politik wachsen. Auf der hitzigen Tagung des Zentralkomitees in Liegi im März 1930, in der Togliattis Linie siegt, wird der abwesende Silone nicht mehr als Mitglied des Politbüros und des Zentralkomitees bestätigt.

Der Parteiausschluss

In seinem Davoser Sanatorium schreibt Silone in fiebriger Eile seinen ersten Roman nieder. Das Schreiben lenkt ihn von seiner Krankheit und von dem Ärger mit der Partei ab. Die lässt ihn jedoch nicht los. Er bekommt erklärende Briefe von Togliatti und Besuche von Parteikadern wie Longo, der ihm das Versprechen abnimmt, nichts gegen die Parteiführung anzuzetteln. Im September 1930 kann Silone schließlich zurück nach Zürich zu Gabriella Seidenfeld.

Leonetti, Tresso und Ravazzoli sind inzwischen aus der Partei ausgestoßen worden und zu den Trotzkisten übergewechselt. Sie bemühen sich, Silone auf ihre Seite zu ziehen. Doch der schweigt, lässt von Gabriella alle Annäherungsversuche abwehren. Auch Togliatti bemüht sich, trotz des Gegenwinds aus Moskau, immer noch um Silone. Er verabredet mit ihm ein Treffen in Zürich, legt ihm nahe, eine Ergebenheitsadresse an die Partei abzugeben, setzt das Schreiben sogar eigenhändig auf (Togliatti sprach später von einer spontanen freiwilligen Aktion Silones[32]). Als diese Erklärung veröffentlicht wird, kontern die Trotzkisten in ihrer Zeitschrift *Bollettino dell'Opposizione* mit der Publikation eines kritischen Privatbriefs von Silone an den Abweichler Tresso. Ein Skandal: Silone steht als Verräter da.

Die kommunistische Partei der Schweiz, der Silone formell angehört, zieht ihn zur Rechenschaft. Er schreibt eine lange Rechtfertigung, in der er sich von den trotzkistischen Abweichlern distanziert und beteuert: »Außerhalb des Kampfes für den Kommunismus sähe ich keine Berechtigung weiter zu leben.«[33]

Diese in *Lo Stato operaio* veröffentlichte Erklärung wird als ungenügend kommentiert. Es kommt zu einem Parteiverfahren, zu dem auch Genossen aus Italien anreisen. Silone weiß, es gibt nur noch zwei Möglichkeiten: die bedingungslose Unterwerfung oder den Abschied. Er hat genug. Er will sich nicht mehr verteidigen, auch keine Konzessionen wider besseres Wissen machen, sich nicht mehr erniedrigen. Er steht auf und verlässt die Sitzung. Im Juli 1931 wird sein Ausschluss aus der Partei publik gemacht.

Man kann sich vorstellen, wie sehr diese zwei Jahre dauernde Krise, die Anfeindungen, Unterstellungen und Intrigen dem kranken Silone am Gemüt gezehrt haben. An seinen

Einlenkungsversuchen wird deutlich, wie schwer ihm die Ablösung gefallen ist. Für den Exilierten ein zweiter Verlust der Heimat und mehr.

Die Warnung eines Genossen beim Parteiverfahren war nicht übertrieben: »Nach Italien kannst du nicht zurückkehren, solange der Faschismus am Ruder ist. Im Ausland kannst du ohne Papiere nicht leben. Du weißt nicht, wovon du existieren sollst. Du bist nicht gesund. Dein Bruder ist wegen der Partei im Gefängnis. Alle deine Freunde sind in der Partei und werden mit dir brechen, wenn du austrittst ...«[34]

Tatsächlich muss sich Silone, der als Funktionär ein kleines Salär bezogen hatte, auch materiell in einer extrem misslichen Lage befunden haben. Doch der fertige Roman, *Fontamara,* liegt in der Schublade – ein Wechsel auf die Zukunft.

II. Der Schriftsteller im Schweizer Exil

»Fontamara«

Fontamara, dieses Dorf gibt es nicht in den Abruzzen. Aber es gab in Pescina eine Straße dieses Namens. Es ist die Straße, in der Silones Geburtshaus steht, und sie führt zu einem Brunnen, an dem einst die Tiere getränkt wurden. Pescina selbst ist wesentlich größer als das geschilderte Fontamara, das für die Zwecke des Romans überschaubarer gestaltet und auf den kleinbäuerlichen Sektor begrenzt wurde. »Aus meinen Erinnerungen und meinen Träumen erbaute ich mir ein Dorf und begann darin zu leben«[35], schrieb Silone. Der Name hat durchaus eine symbolische Ebene. Die Kontraktion aus *fonte* (Brunnen, Quelle) und *amara* (bitter) lässt sich auf vielfältige Weise auf Silones Schreibimpuls und seine Lage beziehen.

Fern von der Heimat in dem Schweizer Sanatorium, physisch und psychisch geschwächt von der Lungenkrankheit und von politischen Enttäuschungen und Querelen, besann er sich auf seine Ursprünge, auf die Quelle, von der er einst ausgegangen war:

»… das Schreiben (war) für mich die einzige Abwehr gegen das trostlose Gefühl der Verlassenheit, und da ich nach Ansicht der Ärzte nur noch eine kurze Lebenszeit vor mir hatte, schrieb ich atemlos, in fieberhafter Eile, um mir, so gut ich es vermochte, dieses kleine Dorf aufzubauen, das die Quintessenz meines Wesens und meiner Heimat enthalten und es mir möglich machen sollte, wenigstens unter den Meinen zu sterben.«[36]

Vielleicht kam noch das Bedürfnis hinzu, etwas zu hinterlassen, das wahrhaftig war, und sich nicht im Nachhinein wie sein kommunistisches Engagement als Lebenslüge erweisen sollte. Falls tatsächlich sein Rapport zur politischen Polizei den Rahmen harmloser Informationen überstiegen haben sollte, so mag ihm das Schreiben auch als ›Notausgang‹ aus einer schuldhaften Verstrickung erschienen sein. Dass es jedoch bald auch andere Funktionen für ihn bekam, wird aus seinen Briefen an Gabriella Seidenfeld klar. Der nun Dreißigjährige schreibt: »Ich habe Dir oft gesagt, … dass die Zeit, produktiv zu sein, für mich noch nicht gekommen ist. Jetzt, glaube ich, ist sie da.«[37] Das klingt schon mehr nach Zukunftsprojekt denn nach Abschied. Das Schreiben muss also auch eine therapeutische Wirkung gehabt haben, umso mehr da Silone, was er ja nicht von vornherein wissen konnte, gut vorankommt und offensichtlich zufrieden mit dem Ergebnis ist. Über seine Figuren schreibt er selbstbewusst: »Sie sind so lebendig, dass ich mit ihnen spreche. Ich glaube, es sind die ersten Bauern aus Fleisch und Blut, die in der italienischen Literatur auftauchen.«[38]

Er kommt mit dieser Einschätzung der Wahrheit sicherlich nahe, man fragt sich jedoch, wann er bei seinem unsteten Leben und der hektischen politischen Arbeit zum Lesen gekommen sein mag. Seine Urteile, die er etwa in dem Vortrag »Über die Italienische Literatur und andere Dinge«[39] zum Ausdruck bringt, erscheinen durchaus kompetent. Silone geht davon aus, dass der italienische Schriftsteller in seiner Beziehung zur Gesellschaft das geblieben ist, was er seit den Zeiten der Renaissance war, nämlich ein Höfling. Silone analysiert, was aus der realistischen und liberalen Literatur im Zeitalter des Faschismus geworden ist, und stellt fest, dass sich die Literaten entweder angepasst oder in eine unverbindliche, eher formalistische Literatur geflüchtet haben. Kein Wunder, dass das Interesse der lesenden Italiener gering ist und sie, wenn sie über die eigenen Probleme etwas erfahren wollen, auf die vorrevolutionäre russische Literatur zurückgreifen. Auch für ihn selbst als Autor kommen zum Zeitpunkt der Entstehung von *Fontamara* als Vorbilder höchstens einige Realisten in Frage: die Russen, vor allem Dostojewskij und Tolstoj, auch

Jack London erwähnt er später einmal in Interviews. Umso erstaunlicher ist, mit welcher Sicherheit sich der politische Journalist seine Romanwelt erbaut. Es lag ihm fern, Anschluss an die moderne europäische Literatur zu suchen, auch nicht an die italienische Tradition der blumigen, schönen Rede. Er hat etwas zu erzählen, und *wie* er es erzählt, ordnet sich dem Erzählzweck unter.

Der Roman beginnt mit einem Prolog, in dem ein Erzähler, der mit dem Autor identisch zu sein scheint, den Leser an den Schauplatz und die Figuren heranführt: »Das Elend war in Fontamara so althergebracht und naturgegeben wie Regen, Schnee und Wind ... Es hat für die armen Bauern, die Cafoni, nie einen Ausweg gegeben ... Auf dem Berge änderte sich nichts, der Boden blieb karg und steinig, das Leben eintönig und mühselig.«[40] In diese Monotonie bricht die Geschichte ein. Der Erzähler/Autor hat gerüchteweise von ungeheuren Ereignissen gehört. Näheres erfährt er – und hier beginnt das Spiel mit Fiktion und Realität – von drei armseligen Gestalten, die eines Abends auf seiner Türschwelle sitzen: eine Cafoni-Familie, Vater, Mutter und Sohn. Damit sind die einzelnen Erzähler der folgenden Episoden benannt, der Autor in die Rolle des Vermittlers zurückgestuft. Als solcher stellt er poetologische Reflexionen an. Nicht nur über das Individuelle, Allgemeine und Besondere (die armen Bauern, sie gleichen sich in aller Welt, dennoch ist kein Einziger dem anderen in allem gleich), sondern auch über die Frage, in welcher Sprache und auf welche Art zu erzählen sei. Denn die Cafoni sprechen nicht Italienisch, sondern ihren Dialekt. Und sie haben eine besondere Art zu erzählen. »Diese Art, Wort an Wort, Satz an Satz, Bild an Bild zu knüpfen, jeden Punkt gesondert zu behandeln, ohne Anspielungen und Nebenbedeutungen, und jedem Ding seinen richtigen Namen zu geben, entspricht der alten Webekunst, der Kunst, einen Faden an den anderen, eine Farbe an die andere zu fügen: ordentlich, sauber, klar.«[41] Selbst wenn Silones Einfachheit dann de facto weit raffinierter ist, formuliert er doch damit ein Konzept. Zugleich kommt er Einwänden zuvor – »Diese Einfachheit erscheint den Städtern kunstlos und grob« – und fordert für jeden »das Recht, das, was ihn angeht, auf seine Art zu erzählen«[42]. Er hat also sehr wohl schon die Kritik und den Leser im Auge, sogar den nicht-italienischen, denn er schreibt auch: »Diese Erzählung wird für den ausländischen Leser in einem schreienden Gegensatz zu dem malerischen Bilde von Italien stehen, das ihm in der Literatur oft begegnet ist.«[43]

Silones Erzähltechnik ist bereits im ersten Kapitel deutlich erkennbar. Es wird zwar aus der Perspektive des alten Cafone erzählt, aus seinem Erfahrungshorizont heraus, aber nicht in einer Sprache, die sich diesem anbiedert, und keineswegs in nur linearer Weise, auch wenn die Chronologie eingehalten wird. In seinem Kern besteht das erste Kapitel aus drei verdichteten Situationen, die über sich hinaus auf den Zustand der Gesellschaft verweisen. Einmal die Vorgeschichte von Fontamaras erneutem Versinken in der Dunkelheit – den Bauern, die noch nie haben zahlen können, wird endgültig der Strom gesperrt. Die zweite Situation setzt mit dem Auftauchen eines Fremden in der abendlichen Runde der Cafoni bei Schankwirtin Marietta ein. Er sammelt Unterschriften für eine Eingabe an die Regierung. Um was es dabei geht, weiß er angeblich selbst nicht, aber die Bauern sollten sich freuen, dass sie neuerdings so wichtig genommen werden. Die Cafoni, die sich erst renitent zeigen, weil sie wieder einmal eine neue Steuer vermuten, geben schließlich nach. Indirekt durch einen Kommentar – er würde bestimmt nicht unterschreiben – wird eine neue Person eingeführt, auf sie neugierig gemacht: Berardo Viola. Eingebaut in diese Szene ist wiederum die dritte Situation, die der Traum des Michele Zompa verdeutlicht. Hier wird eine politische Analyse in der Form eines Gleichnisses geliefert: Jesus will etwas für die Cafoni tun, aber was er auch vorschlägt, schadet, wie der Papst ihm erklärt, anderen guten Christen (den Regierenden, den Kaufleuten etc.). Schließlich bleibt für die Cafoni nur ein Sack voller Läuse, damit, wie der Papst sagt, das Jucken sie von sündhaften Gedanken ablenkt. – Den Schlussakkord des Kapitels bildet das Geräusch der zerscherbenden Straßenlaternen. Ein anarchischer Akt des Berardo Viola: »Man braucht doch keine Laternen, wenn man kein Licht hat.«[44] Das Motiv der Dunkelheit vom Anfang ist wieder aufgenommen.

Ähnlich genau komponiert sind die folgenden Kapitel, die in immer neuen Ereignissen davon berichten, wie die Armen aus Fontamara ob ihrer Unwissenheit und Ohnmacht hereingelegt werden – etwa durch die Umleitung des für sie lebensnotwendigen Baches. Doch das gerät Silone nie zum naturalistischen oder rührseligen Elendspanorama. In die schlichte Erzählung, die den Leser fast nebenbei über die Lebensbedingungen und –gewohnheiten im Fucino-Gebiet informiert, baut er immer wieder gleichnishaft verdichtete Situationen ein, die zuweilen der Komik nicht entbehren. Dazu gibt es Bilder von einer optischen Eindringlichkeit, die geradezu filmisch wirkt – etwa der Zug der Frauen unter glühender Sonne in die Stadt und die Szene, in der sie am Brunnen ihren Durst löschen wollen und das Wasser, immer dann, wenn sie sich nähern, versiegt.

Unter der neuen Regierung (der Faschisten, die aber nur an einer einzigen Stelle als solche bezeichnet werden) hat sich das Leben noch einmal verschlechtert. Der immerhin noch überschaubaren feudalen Abhängigkeit ist nun eine undurchschaubarere, von Kapital und Bürokratie bestimmte gefolgt. Nicht zufällig ist der neue Bürgermeister ein rühriger Unternehmer, der alles zu Geld zu machen versteht, selbst tüchtig anpackt und anders als die alten Herren nicht nur gut leben will. – Die Einwohner von Fontamara wissen sich trotz einer gewissen

Bauernschläue nicht zu helfen. Bei aller grundsätzlichen Empathie, mit der die Dorfbewohner geschildert werden, idealisiert Silone sie doch nie. Die hervorstechendste Eigenschaft dieser Cafoni, die um jeden Tropfen Wasser, um jede Ernte bangen, scheint die Missgunst zu sein. Alle nagen am Hungertuch, und dennoch sehen sie nicht das Gemeinsame, sondern sind, ähnlich den wohlhabenderen Geschäftsleuten, nur auf ihren eigenen Vorteil bedacht. Nächstenliebe gedeiht im Elend nur selten.

Eine Sonderstellung nimmt Berardo Viola ein, nicht nur wegen seiner außerordentlichen Kraft, die ihn in den Augen der Jugend zum natürlichen Anführer macht. Er hat durch einen Schachzug des Advokaten Don Circonstanza sein Stückchen Land verloren und steht deshalb außerhalb der Interessenskonflikte. Berardo hat »nichts zu verlieren«, ist daher aufmüpfiger als die anderen, kann aber auch zwischen ihnen vermitteln. Die marxistische Analyse klingt bei dieser Charakterisierung mit an (nur das Proletariat, das nichts zu verlieren hat, »gegen die herrschende Klasse kein besonderes Klasseninteresse mehr durchzusetzen hat«[45], kämpft für das allgemeine Interesse der Menschen). Berardos Situation hat aber auch bittere Nachteile. Er liebt Elvira. Um sie (die eine Mitgift hat) als Landloser zu werben, verbietet ihm jedoch sein Stolz. Dieser Stolz steht für ein Bewusstsein, das Silone noch tief von der bäuerlichen Gesellschaft geprägt zeigt. Berardo hält sich selbst zurück, aber auch alle anderen Bewerber fern. Zur Rede gestellt, fasst er einen Entschluss: Er wird doppelt soviel arbeiten, um ein Stück Land zu erwerben. Ein schier aussichtsloses Unterfangen bei der geringen Bezahlung der Tagelöhner und den neuen Verordnungen der Behörden.

Hoffnung keimt bei der Nachricht auf, dass Vertreter der Regierung mit den Bauern über die Fucino-Frage sprechen wollen. Die Cafoni werden mit einem Lastwagen ins Tal gekarrt, sie sollen die Fahne mitbringen. Welche Fahne? Sie nehmen schließlich das Banner des Heiligen Rochus aus der Kirche, sind dann sehr überrascht, als sie alle anderen Teilnehmer mit schwarzen Totenkopf-Wimpeln sehen. Auch die Hymne, die sie mit Begeisterung singen sollen, kennen sie nicht. Erst am Ende des ganzen Spektakels merken die Cafoni, dass sie nur als Jubelkulisse eingesetzt worden sind. Die Fucino-Frage ist ohne sie gelöst worden, den fruchtbaren Boden sollen reiche Bauern bewirtschaften, die Kapital in die Landwirtschaft investieren.

Sie sind buchstäblich sprachlos. Ein Städter bestätigt sie in ihrer Unzufriedenheit, bietet gar an, ihnen Waffen zu beschaffen. Doch ein junger Fremder flüstert ihnen zu, das sei ein Polizeispitzel, ein Provokateur. Müde und geschlagen machen sie sich auf den Rückweg – diesmal zu Fuß.

In der Zusamenfassung vermitteln die einzelnen Kapitel den Eindruck politisch-ökonomischer Bestandsaufnahmen. Das Erstaunliche jedoch ist, und darin liegt Silones Qualität, dass es sich im Buch nicht so liest. Nie hat man den Eindruck, dass er politische Informationen und Einsichten nur illustriert, dafür haben die einzelnen Figuren und jeder Vorfall zu viel Eigengewicht. Das Allgemeine ist auf selbstverständliche Weise im Besonderen aufgehoben, was auch der ›naiven‹ Perspektive der bäuerlichen Erzähler zu verdanken ist. – In Silones späteren Büchern, in denen der allwissende Erzähler regiert, tritt gerade in den Dialogen häufig das theoretisch-reflektierende Element in den Vordergrund.

Über das politische Bewusstsein der Cafoni gibt eine Szene Auskunft, deren Komik einen ernsten Hintergrund hat. Die faschistischen Milizionäre unterziehen die Männer des Dorfes einer Prüfung. Befragt, wen sie hochleben lassen würden, versuchen die Cafoni, die nur in Ruhe gelassen werden wollen, erfolglos die genehme Antwort zu finden, und werden entsprechend ihren Versuchen als reaktionär, monarchistisch, liberal etc. eingeteilt. Eine absurde Szene, die nur zeigt, wie sehr sich diese Bauern jeder politischen Klassifizierung entziehen und wie wenig rational ihr Verhältnis zum Staat ist.[46]

Aber sie wissen, dass sie ein ums andere Mal betrogen werden. Doch warum? *Capire e parlare*, im Sinne von begreifen und ausdrücken können, bezeichnen das Desiderat, das leitmotivisch den Roman durchzieht. Als die Nachricht eintrifft, dass es in Sulmona zu einem Aufstand der Cafoni gekommen ist, liegt plötzlich auch in Fontamara so etwas wie Rebellion in der Luft. Alle wenden sich an Berardo, hoffen auf ihn als Anführer. Doch »als es endlich so weit war, dass alle im Dorf so dachten wie er, hatte Berardo angefangen, anders zu denken«[47]. Er will in Rom arbeiten und interessiert sich nicht mehr für die Angelegenheiten im Dorf. Selbst wenn er sein Stückchen Land noch nicht besitzt, hat dieses sein Denken schon völlig absorbiert – das (angestrebte) Sein bestimmt das Bewusstsein. »Vergiss nicht, dass ich angefangen habe, dich zu lieben, als man mir ganz andere Dinge von dir erzählte«[48], kommentiert selbst Elvira, aber er ist nicht aufzuhalten.

Doch die Reise nach Rom bringt nur Enttäuschungen. Berardo und der junge Cafone, der als Erzähler dieser Episode auftritt, irren von Amt zu Amt, werden um ihr letztes Geld gebracht und schließlich mit einem so schlechten Leumundszeugnis ausgestattet, dass jede weitere Suche nach Arbeit sich erübrigt. In diesem hoffnungslosen Zustand treffen sie auf den jungen Fremden, der die Leute aus Fontamara einst vor dem Provokateur gewarnt hatte. Eine gefährliche Bekanntschaft, wie sich zeigt, denn die Polizei nimmt alle drei fest. Im Gefängnis kommt es zu einer langen, nur in Teilen wiedergegebenen Diskussion zwischen Berardo und dem jungen Mann, der von den Zielen des ›großen Unbekannten‹ erzählt. Dieser Unbekannte, eine Metapher für den lebendigen Widerstandsgeist, soll verantwortlich für alle illegalen Publikationen, Aktionen etc. sein. Berardo will sich nicht auf die Argumente einlassen, aber der Fremde packt ihn bei seiner Ehre: »ein Mann wie du …« Und so fasst Berardo, dem es nichts genutzt hat, sich nur um seine eigenen Angelegenheiten zu kümmern, einen Entschluss: Beim Verhör sagt er aus, er sei der große Unbekannte, nicht ahnend, was das für Folgen hat. Er wird gefoltert, damit er seine Kontaktpersonen preisgibt. Berardo steht vor der Wahl durchzuhalten oder den inzwischen freigelassenen neuen Freund zu verraten, der in den Abruzzen auch für die Zukunft von Fontamara kämpfen will. Aber warum soll er selbst deshalb so jung im Gefängnis sterben? Andererseits: »Wenn ich zum Verräter werde, vergehen noch einmal hundert Jahre, ehe eine solche Gelegenheit wiederkehrt. Und wenn ich sterbe? Dann werde ich der erste Cafone sein, der nicht für sich selbst gestorben ist, sondern für die anderen.«[49]

Diese Aussicht auf etwas ganz Neues gibt ihm Kraft. Das Motiv des Opfers, das Silones Werk durchziehen soll, wird damit zum ersten Mal handlungsbestimmend. Berardo stirbt an den Misshandlungen. Seine Bereitschaft zum Opfer ist psychologisch zusätzlich durch die Nachricht von Elviras Tod motiviert. Ihr Tod – ebenfalls als Opfertod angelegt – erscheint jedoch als eine Schwachstelle im Roman. Dass sie der Jungfrau ihr Leben für die Rettung von Berardos Seele anbietet, wirkt wie ein Fremdkörper in diesem Roman, in dem eine religiöse Problematik nicht angelegt ist.

In Fontamara haben jedenfalls die Dorfbewohner – unterstützt von dem jungen Fremden – zum ersten Mal gemeinsam gehandelt, unter dem Titel »Was tun?« sogar eine kleine Zeitung herausgebracht. *Capire e parlare*, sie sind ein Stück weiter gekommen.

Die faschistische Polizei weiß sofort, was in einem solchen Fall zu tun ist. Sie rückt in Fontamara ein, und für die Bauern wird Gewissheit, was bislang nur Verdacht war: Es ist Krieg, und der wird gegen sie geführt. – Der Cafoni-Familie, die der Autor vor seiner Tür fand, ist die Flucht ins Ausland geglückt. »Nach so viel Leiden und so viel Kämpfen, nach so viel Ungerechtigkeiten, so viel Tränen und so viel Verzweiflung, was tun?«[50]

Mit der Leninschen Frage endet der Roman. Sie bleibt unbeantwortet. Der Romancier Silone belohnt die neugefundene Solidarität der Landbevölkerung nicht mit einem Erfolg, vielmehr wird das gemeinsame Handeln blutig bestraft; dennoch ist sie der erste Schritt zu einer Veränderung. »Nur Schritt für Schritt, Schicht um Schicht hat die Menschheit das Bewusstsein des eigenen Werts erlangt … zuerst haben einige wenige und dann die ganze Klasse über die Ursachen bestimmter Verhältnisse und über die besten Mittel nachgedacht, wie sie sich gegen die Unterdrückung auflehnen könnten …«[51] So liest es sich bei Gramsci.

Es ist immerhin erstaunlich, dass *Fontamara*, obgleich zur Zeit von Silones innerem Bruch mit den Kommunisten geschrieben, nichts von diesem Konflikt spiegelt; der Autor hat diese Problematik auch nicht in den Roman eingebracht, als er ihn 1949 für die Publikation bei Mondadori überarbeitete, obwohl er sonst großzügig mit Änderungen gewesen ist (ein ganzes Kapitel fehlt, sprachliche aber auch inhaltliche Details wurden korrigiert, die Charaktere genauer ausgeleuchtet; der Geist und die Geschichte des Romans blieben jedoch unverändert).

Wollte man den Roman auf ein politisches Grundkonzept reduzieren, so ist dieses durchaus mit dem kommunistischen verträglich, was die ökonomische Analyse, die Klassenfrage, den subjektiven Faktor, die Rolle der Partei als politische Avantgarde (der junge Fremde) etc. angeht. Silone ist also, obwohl von der Entwicklung in der Partei enttäuscht, nicht von den dem Kommunismus zugrunde liegenden Überzeugungen abgerückt. Er setzte den Kampf fort, nur mit anderen Mitteln. Das erklärt, dass er trotz des Parteiausschlusses unter den Kommunisten wohlgesonnene Kritiker fand – etwa Karl Radek auf dem Schriftstellerkongress in Moskau 1934. Hinzu kam, dass er nicht wie andere ›Ehemalige‹ gegen die Partei öffentlich polemisierte. Man glaubte vielleicht nicht, dass der Bruch endgültig sei. Zudem galten für den Schriftsteller Silone und für dessen Werk wohl andere Maßstäbe als für den aufsässigen Funktionär.

Auch Trotzki war von *Fontamara* begeistert, er schätzte den Roman nicht nur politisch, sondern auch als Kunstwerk. An den Autor schrieb er: »Das Buch verdient es, millionenfach verbreitet zu werden.«[52]

So weit war es aber noch lange nicht.

Das neue Leben in Zürich

Als Silone im September 1930 nach Zürich zurückkehrt, hat er einen Teil seines Manuskripts bei der Pensionswirtin in Davos als Pfand für eine noch offene Rechnung zurücklassen müssen, und es ist unklar, wovon er leben soll, nun da auch noch der karge Parteisold entfällt. Er übernimmt Tipparbeiten, gibt Italienischunterricht, übersetzt Gebrauchsanweisungen, schreibt einzelne Artikel für sozialistische Publikationen und sucht vergeblich nach einer festen Arbeit in einer Redaktion. Kurzzeitig kommt er sogar ins Züricher Gefängnis, da er keine Papiere hat (den falschen Pass der Kommunisten kann er nicht mehr gebrauchen); der Status eines politischen Flüchtlings wird ihm erst 1932 zuerkannt.

Aus der Enge des parteipolitischen Umkreises heraustretend, findet er trotz seines zurückhaltenden Wesens Anschluss an Intellektuellenkreise, begegnet dort neben dem aufgeschlossenen Schweizer Bildungsbürgertum und italienischen Emigranten in zunehmendem Maße auch deutschen und österreichischen Künstlern, denen die politische Entwicklung in der Heimat nicht geheuer war – ein anregendes Gemisch.

Solche Anregungen setzt Silone in ein neues Projekt um, das 1932 verwirklicht werden kann: die Zeitschrift *Information*, die der Schweizer Buchhändler und Verleger Emil Oprecht (Bruder des Sozialistenführers Hans Oprecht) herausbringt. Die Zeitschrift soll ein kritisches Forum für Kultur und Politik mit gesamteuropäischem Anspruch bieten. Silone gewinnt als Mitarbeiter eine Reihe von Bauhauskünstlern, aber auch Schriftsteller wie Ernst Toller, Upton Sinclair, Henri Barbusse und László Radványi (der Mann von Anna Seghers, die sich ihrerseits für Silone einsetzt). Silone selbst schreibt für *Information* in erster Linie politische Artikel zu internationalen Themen, immer wieder auch über den Faschismus, seine Erscheinungsformen und Auswirkungen. Nach 18 Nummern muss die Zeitschrift *Information* wegen ökonomischer und politischer Schwierigkeiten eingestellt werden – ein kurzes, aber intensives Abenteuer für Silone und seine Mitstreiter.

Alle Versuche, für *Fontamara* einen Verleger zu finden, waren bislang gescheitert. Nettie Sutro, die aus Bayern stammende Frau des Neurologen Eric Katzenstein, in deren Salon Silone verkehrte, war von dem Roman begeistert und machte sich Ende 1932 daran, ihn zu übersetzen. Mit der deutschen Übersetzung wuchs der Kreis der privaten Leser. Unter ihnen Jakob Wassermann, der dem Roman eine »homerische Einfachheit und Großartigkeit«[53] attestierte und seinem Verleger Bermann Fischer die Veröffentlichung nahelegte. Auch Alfred Kurella, obwohl Funktionär der Komintern, wollte sich um eine Publikation in Berlin kümmern; diese Projekte zerschlugen sich jedoch nach der Machtergreifung der Nazis. Da sich keine andere Möglichkeit der Veröffentlichung ergab, wurde Silone schließlich geraten, den Roman in der deutschen Übersetzung auf eigene Kosten im Verlag Oprecht und Helbling in Zürich herauszubringen. Die Druckkosten für 2.000 Exemplare waren durch 800 gewonnene Subskribenten sichergestellt.[54] Silone war 33 Jahre alt, als die ersten gedruckten Exemplare seines Romans – den er Romolo Tranquilli und Gabriella Seidenfeld widmete – vorlagen und damit sein Leben als Schriftsteller erst eigentlich begann.

Es war in jeder Hinsicht ein neues Leben. Die allmähliche Trennung von seiner langjährigen Gefährtin gehörte dazu. Für Gabriella Seidenfeld, die nun auch die kommunistische Partei verlassen hatte, muss diese Zeit sehr schwierig gewesen sein. Alle Freunde fühlten mit ihr, die nie klagte, und nahmen Silone übel, dass er sie »fallen ließ«.

Gabriella aus seinem Leben zu streichen war für Silone allerdings kaum denkbar. Bis zu ihrem Tod 1977 hielt er den Kontakt zu ihr. Anfang der dreißiger Jahre scheint ihn aber das Bedürfnis getrieben zu haben, die ungelebte Jugend nachzuholen, und er hat in den Zürcher Intellektuellenkreisen wohl auch zum ersten Mal seine Wirkung auf Frauen entdeckt und ausgekostet. Franca Magnani, Tochter des in die Schweiz emigrierten republikanischen Antifaschisten Fernando Schiavetti, schreibt in ihren Erinnerungen: »Papa hörte ich sagen, dass Silone in Zürich als schöner Mann galt: dunkler Teint, stolzes Auftreten, sehnsüchtiger Blick. So lauteten die Äußerungen seiner Schülerinnen in der Berlitz-School. Sie waren vorwiegend Damen der wohlhabenden und kultivierten Großbourgeoisie, die oftmals politische Flüchtlinge, vor allem aus Deutschland, unterstützten. Sie waren fasziniert von der Persönlichkeit dieses mysteriösen, dunklen, innerlich zerrissenen Künstlers und Idealisten, der äußerlich zudem noch attraktiv war.«[55] Eine leidenschaftliche Affäre verband Silone mit Aline Valangin[56], der Frau des bekannten Zürcher Anwalts Wladimir Rosenbaum. Die Rosenbaums hatten dem jungen Emigranten helfen wollen und ihm angeboten, dem Neffen Italienisch beizubringen. In ihren Erinnerungen schildert Aline die erste Begegnung: »Große, etwas müde Augen schauten mich an. Ich wurde sofort ernst. Dies war nicht irgendeiner. Seine Stimme war matt, er hustete leicht, war förmlich, à distance, aber an meiner eigenen Vibration, die ich nicht verstand, merkte ich, dass es im Geschehen war.«[57] Aline Valangin, eine schöne Frau um die vierzig, musisch gebildet, psychoanalytisch erfahren und schriftstellerisch talentiert, führte einen ebenso freizügigen wie künstlerisch ambitionierten Salon. Ihr vielbeschäftigter Mann tolerierte ihre Amouren im Namen der freien Liebe, der er selbst frönte. Diese Frau muss auf Silone wie der personifizierte Charme der Bourgeoisie gewirkt haben (was ihn gleichermaßen anzog und abstieß). Dazu war sie eine intelligente Gesprächspartnerin von großer sinnlicher Ausstrahlung. »Ich erhielt Briefe von ihm«, erinnert sich die Valangin, »die das Glück jeder Frau ausgemacht hätten … Ihm fiel es schwer, mich nicht allein für sich zu haben. Und wenn ihm dies möglich gewesen wäre, hätte er es wiederum nicht gewollt. Dieser Zwiespalt in ihm gab uns zu schaffen.« Für sie dagegen gab es damals »niemanden und nichts außer ihm … So gelockert und in der brennenden Gegenwart aufgehoben war ich nie gewesen und sollte es auch nie mehr sein.«[58] Die Liebesaffäre begann 1931 und dauerte etwa ein Jahr. Doch auch danach blieben die beiden in Verbindung. Silone war öfters Gast in »La Barca«, der Tessiner Villa der Rosenbaums, einmal auch zusammen mit Gabriella. Die Valangin erinnert sich an eine abweisende Frau, die nicht über ihren (kommunistischen) Schatten springen konnte. Von anderen Zeitzeugen wird Gabriellas ruhige, freundliche Art hervorgehoben, Franca Magnani spricht von ihrem ausgeprägten jüdischen Humor. Gabriellas Haltung im Haus der Valangin ist wohl eher mit ihrer Furcht zu erklären, Silone an dieses Ambiente zu verlieren. Eine nicht unbegründete Furcht. Silone sollte etwa ein Jahr später, als er sich neu verliebt hatte, der Valangin einen so überschwenglichen wie kuriosen ›Dankesbrief‹ schreiben: »Mein heutiges Glück verdanke ich Ihnen … Ohne Sie gekannt zu haben, ohne durch Sie hindurchgegangen zu sein, hätte ich diese Glücksfülle nie erleben können ... Was meine Dankbarkeit erhöht, ist, dass Sie dies bewusst gewollt haben.«[59]

Der rasche Erfolg von *Fontamara* löste die dringendsten Geldprobleme des Autors. Seine Situation entspannte sich auch dadurch, dass er als Freund und Mäzen den Schweizer Marcel Fleischmann gewonnen hatte, der ihn als Dauergast in seine Villa am Zürichberg aufnahm. Dort konnte Silone ungestört arbeiten. Als ihm der Pulitzer-Preis zuerkannt wurde, verwendete er das Preisgeld, um in der Zürcher Langstraße die Internationale Buchhandlung zu eröffnen. Die Buchhandlung war auch gedacht als kulturelles Zentrum und Treffpunkt für die italienischen Flüchtlinge, deren Unkenntnis der eigenen Kultur Silone beklagte. Die Leitung der Buchhandlung überantwortete er seiner Freundin Gabriella, doch hatte diese mit dem anspruchsvollen italienischen Sortiment keinen großen Erfolg und musste den Laden nach einiger Zeit wieder schließen.[60]

Die schnelle internationale Verbreitung[61] von *Fontamara* ist wohl auch den Emigranten zu verdanken, die sich kurzzeitig in der Schweiz aufhielten und das Lob des Buches dann in die Länder trugen, in die sie das Schicksal verschlug. Es war keineswegs nur Silones Antifaschismus, der den Roman populär machte, vielmehr wurde erkannt, dass dieser Autor aus den Abruzzen auf ganz singuläre Weise im Individuellen und Regionalen das Allgemeine und universell Bedeutsame erzählerisch in den Blick rückte. So kam es, dass der Roman bereits 1935 in 22 Übersetzungen vorlag (darunter mehrere spanische in verschiedenen lateinamerikanischen Ländern) und in den USA und England dann auch hohe Taschenbuchauflagen verkauft wurden.

Nur sein ureigenstes Publikum, die italienischen Leser, erreicht Silone nicht. Zwar gelingt es ihm, Ende 1933 eine kleine Auflage für italienische Emigranten in einer Pariser Druckerei unter einem für diesen Anlass geschaffenen Verlagsnamen –

Nuove Edizioni Italiane – herauszubringen, doch die Verbreitung ist gering. Sie nimmt erst mit einer Sonderausgabe zu: Der englische Verleger Jonathan Cape druckt 1942 20.000 Exemplare einer unkorrigierten italienischen Fassung für die Verteilung unter den Kriegsgefangenen – ein früher Beitrag zur ›reeducation‹ wie auch die Verteilung der Restauflage durch die Alliierten bei ihrem Einmarsch in Italien. 1947 wird das Verlagshaus Faro den Text endlich in Rom publizieren, doch erst 1949, als Mondadori die vom Autor überarbeitete neue Fassung verlegt, kann man von einer Ankunft des Romans bei Lesern und Kritikern sprechen. Einen vergleichbaren Erfolg wie im Ausland kann *Fontamara* in Italien allerdings nicht verbuchen. Der Auslandserfolg weckt, wie wir sehen werden, bei seinen Landsleuten weniger die Neugier als die Skepsis.

»Der Fascismus« und »Die Reise nach Paris«

In den dreißiger Jahren verlief Silones Karriere als Autor ungestört. Als 1934 *Der Fascismus* im Europa Verlag[62] erscheint, stößt auch dieser großangelegte Essay auf ein interessiertes Publikum. Silone untersucht darin nicht nur sachkundig Ursprung und historische Voraussetzungen des Faschismus, sondern legt indirekt auch Rechenschaft über die Periode der italienischen Politik ab, die er als kommunistischer Aktivist miterlebt hat – also auch über die Fehler der Linken. Für dieses Werk kommt ihm seine Erfahrung als politischer Journalist und Theoretiker zugute: Auf gut lesbare Weise vermittelt er historisches Hintergrundwissen und sozioökonomische Fakten. Er kommt zu dem Schluss:

»Das Kleinbürgertum kann wohl die politischen Führer für irgendeine Regierungsform liefern: als Klasse aber kann es keine Regierungsform richtunggebend beeinflussen, da sogar der Fascismus, die stärkste Bewegung, die je aus dem Kleinbürgertum hervorgegangen ist, in der offenen Diktatur der Hochfinanz und in einer noch nie dagewesenen Unterdrückung des Kleinbürgertums als Klasse ausläuft.«[63]

Auf dieser Analyse fußend, hält es Silone für eine historische Notwendigkeit, dass das Kleinbürgertum in das Lager der sozialistischen Revolution überwechselt.

Wenn Silone den *18. Brumaire* von Karl Marx später wiederholt als ein literarisches Vorbild angibt, so gilt das gleichermaßen für seinen ersten Roman wie für diesen Essay. Ebenfalls 1934 erscheint bei Oprecht und Helbling in Zürich der Erzählband *Die Reise nach Paris* – wieder in der deutschen Übersetzung von Nettie Sutro. Die fünf Novellen[64] mit vorwiegend satirischem Charakter hatte Silone vorab in Zeitungen veröffentlicht, später wird er ihren journalistischen Charakter bemängeln und nur zwei davon für die Publikation in italienischen Zeitschriften freigeben und dafür grundlegend bearbeiten. Eine wirkliche Verbreitung haben sie nicht erfahren. Wie sehr die Geschichte von Silones Werk eine Geschichte von Übersetzungen, Bearbeitungen, Neudrucken etc. ist und damit ein Spiegel des wechselhaften Lebens des Autors, wird deutlich an der Tatsache, dass dieser Erzählband erst kürzlich dem italienischen Publikum vollständig zugänglich gemacht wurde – und zwar mangels der italienischen Originale kurioserweise in einer Rückübersetzung aus dem Deutschen.[65] Das gilt auch für die Titelnovelle, deren Datierung umstritten ist. Einiges spricht dafür, dass zumindest der Entwurf für diese Erzählung vor *Fontamara* entstanden ist und eine erste Auseinandersetzung mit den Figuren und dem Schauplatz des Romans darstellt. So wird in einem Gespräch der Cafoni erwähnt, dass ein Tranquilli vor einem Jahr festgenommen worden ist (Romolo kam 1928 ins Gefängnis); auch ist *Die Reise nach Paris* strukturell und von der Figurenführung her noch nicht so elaboriert wie der Roman. Der Held

Pescina vor dem Erdbeben am 13. Januar 1915 *(Privatbesitz)*

Ignazio Silone Anfang der dreißiger Jahre in der Schweiz
(KEYSTONE/Photopress)

Ignazio Silone und Gabriella Seidenfeld in Davos,
Anfang der dreißiger Jahre *(Privatbesitz Familie Magnani)*

Aline Valangin, Sommer 1934
(Nachlass Aline Valangin und Wladimir Rosenbaum)

EIN WELTERFOLG!

IGNAZIO SILONE

FONTAMARA

ROMAN

In 19 Sprachen übersetzt:

Deutsch	Holländisch	Polnisch	Slovenisch
Italienisch	Flämisch	Tschechisch	Hebräisch
Französisch	Dänisch	Ungarisch	Spanisch
Englisch	Norwegisch	Rumänisch	Jiddisch
Amerikanisch	Schwedisch	Kroatisch	

216 Seiten - Kartoniert Fr. 4.— RM. 3.20. Leinen Fr. 6.— RM. 4.80

Die Frankfurter Zeitung schreibt: Die Grundgesetze der Menschenliebe und Menschenwürde verteidigt Silone sehr zart und human, auf jenem indirekten Weg, der zeigt, daß er damit keinen Lärm schlagen will.

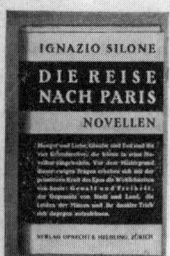

Vor kurzem erschien: IGNAZIO SILONE

DIE REISE NACH PARIS

NOVELLEN

Mit Holzschnitten von Clément Moreau und einem Essay über den Autor von Nettie Sutro, die die Novellen aus dem Italienischen übersetzte. - Silone gibt in den fünf Novellen erneute Beweise seiner feinsinnigen Erzählerkunst.

Kartoniert Fr. 4.— RM. 3.20. Leinen Fr. 6.— RM. 4.80

VERLAG OPRECHT & HELBLING ZÜRICH

Verlagsprospekt

<u>STRICTLY CONFIDENTIAL</u>.

January 9, 1942

<u>MEMORANDUM</u>.

To Mr. A.W. DULLES
From G.M. Mayer.

Ignatio Silone requested that Luigi Antonini, well-known New York labor union leader and head of the Vest-makers' Union, place at his disposal $500.- (Frs. 2000.-) a month, as he will be in need of these funds by February 1st.

Silone emphasized the fact that under no circum-stances would his Party eccept funds other than from a Socialist or Labor Union, as they went to keep the record clean.

However, he would be willing to accept delivery of these funds from us in view of the blocked-account situ-ation, if assurance can be procured from Antonini that the latter is willing to re-imburse the equivalent to the government in Washington.

G.M. -

G. M. Mayer an A. W. Dulles
(National Archives, Washington D. C.)

Baden, 3. Januar 1944
Hôtel du Parc

Liebe Frau Oprecht,

ich danke Ihnen viel-
mals für den wunderbare Escharpe,
die diejenigen abgelöst hat, den
ich am Weinachten 1933 erhielt;
also genau vor 10 ~~Jahr~~ Jahren. Ein
richtige Jubiläeum! Für Weinachten
1953 zähle ich unbedingt auf die
dritte Escharpe, (die wohl auch die
letzte sein wird, da schon von meine Geburt vorausbestimmt wurde
dass ich am 1963 sterben werde).
Die zweite Escharpe ist, wenn das
überhaupt möglicht wäre, noch
schöner als die erste; und was für
ein Pracht muss die dritte sein!

Auch die kleine Agenda ist sehr elegant und hoffentlich gibt es ein Blatt wo man schreiben wird: Kriegsende! Bis dahin, meine besten Wünsche für Sie und Ihre Mann.

S Trenzquilli

Ignazio Silone an Emmie Oprecht
(Zentralbibliothek Zürich, Handschriftenabteilung, MS Oprecht 4.48 (23))

Ignazio und Darina Silone, London 1946 *(KEYSTONE/ Photopress)*

Palmiro Togliatti (1893–1964), 1954 *(Ullstein Bilderdienst)*

Ignazio Silone auf dem Kongress für kulturelle Freiheit in Berlin 1960
(Pressebilderdienst Kindermann, Berlin)

IGNAZIO SILONE
PESCINA DEI MARSI 1 MAGGIO 1900
GINEVRA   22 AGOSTO 1978

Das Grab von Ignazio Silone in Pescina *(Privatbesitz)*

Beniamino wirkt zudem in manchem wie eine etwas tumbere Version von Berardo Viola.

Der Erzählung zugrunde liegt ein wahres Ereignis. Silone hatte in Paris einen jungen Mann kennengelernt, der, im Hundezwinger eines Frachtwaggons versteckt, von Rom nach Paris geflohen war und dort sogleich der Polizei in die Hände fiel. Silone hat diese Geschichte ausgesponnen. Er lässt den jungen Mann, der den steten Mangel, den tyrannischen Vater und die ewige Polenta in Fontamara satt hat, in der Hundekiste in einen ohnmachtsähnlichen Schlaf fallen, der von wilden Alpträumen durchzogen ist. Diese spiegeln auf groteske und zugleich symbolische Weise die Wünsche und Ängste des Protagonisten. Nach fünf Tagen wird er mehr tot als lebendig aus seinem Versteck herausgezogen. Er hat Paris ›verschlafen‹ und ist wieder in Rom, muss nach Fontamara zurückkehren.

Simplicio[66] erzählt von einem fleissigen Tischler, der in seiner Jugend anarchistischen Ideen anhing und seitdem immer bei patriotischen Festlichkeiten vorbeugend festgenommen wird. Als eines Tages das Rathaus in Flammen aufgeht, glauben jedoch nicht nur die Carabinieri, dass Simplicio dahinter steckt: Auch die Cafoni erzählen voll Bewunderung von dieser Tat, und als Simplicio dann verschwunden ist, gehen sie davon aus, dass er nach alter Brigantenart in den Bergen weitere Aktionen vorbereitet. Sie wollen ihn unterstützen, warten sehnlichst – und vergebens – auf seine Rückkehr. Eine Geschichte, die gleichnishaft das Auflehnungspotential der Kleinbauern beschwört, zugleich ihre Faszination für einen Räuberhauptmann belegt.

Die Erzählung *Der Fuchs* erinnert am stärksten an den Romancier Silone – nicht zufällig hat der Autor sie später zu dem Kurzroman *Der Fuchs und die Kamelie* ausgebaut. Die Parallelität zwischen der Jagd nach dem Fuchs, der die Hühnerställe heimsucht, und der nach dem faschistischen Spion gibt der Geschichte etwas Beklemmendes. Zugleich wird die Frage von Schuld und Sühne, individueller Moral und politischem Handeln angesprochen.

Der Anspruch dieser Erzählung erklärt, warum Silone die beiden übrigen Geschichten keiner Überarbeitung mehr für wert befunden hat. Und doch scheinen sie eine reizvolle Möglichkeit im Schreiben des Autors zu belegen: In *Letizia* und *Don Aristotile* dominiert das Unbeschwerte, Komische, das nicht auf tiefere Bedeutung abzielt und auch nicht von dem bitteren Sarkasmus gezeichnet ist, der sonst oft die satirischen Szenen auszeichnet. Womöglich waren es gerade diese Qualitäten, die der Autor später für zu unernst befand.

In *Letizia* geht es um die ›Karriere‹ einer Frau, die aus dem Weinen einen Beruf machte und nun über die neue Zeit klagt, in der das öffentliche Weinen verboten ist. In dieser Erzählung wird die narrative Struktur von *Fontamara* wieder aufgenommen, jedoch auf einen weniger ernsten Gegenstand angewandt. Letizia hat mit einem Chor von Klageweibern für beeindruckende Bestattungen und das Einhalten der alten Bräuche gesorgt. Sie hat die Gemeinschaft vor Erscheinen des Halleyschen Kometen zu Einkehr und Buße gemahnt, und dann, als die Welt doch nicht unterging, gute Rezepte für unfruchtbare Frauen und ängstliche Prüflinge entwickelt – der Erzähler selbst kann von einem Wunder im Naturkundeexamen berichten. Sie erläutert ihre Theorien zu Gott: der sei allzu beschäftigt, um jede Seele zu prüfen, daher befrage er die Klageweiber als ›öffentliche Meinung‹. Das größte Eingeständnis der Sympathie macht das Klageweib zum Schluss: Der Erzähler möge doch zum Sterben in sein Dorf zurückkehren. Nichts täte sie lieber, als ihn zu beweinen.

Silone gelingt es in dieser kleinen Geschichte vergnüglich und quasi nebenbei über Glauben und Aberglauben, Bräuche und Denkgewohnheiten zu berichten, ohne dabei ins rein Folkloristische oder in die Genremalerei abzugleiten. Ähnliches gilt für die Erzählung *Don Aristotile*. Ein ehemaliger Advokat, der wegen Zeugenbestechung seinen Beruf aufgeben musste und dann als Briefschreiber eine wichtige Funktion im Dorf hatte, räsonniert darüber, wie verderblich die Volksbildung ist. Als alle noch Analphabeten waren und sich die Briefe schreiben ließen, lebten sich die Leidenschaften seiner Meinung nach auf einem ganz anderen Niveau aus. Er ist ein Experte in der Blumensprache, der Bedeutung von Briefmarken und ihrer Position auf den Umschlägen sowie vielerlei kleiner Gesten, doch die jungen Leute kennen sich in solchen Codes nicht mehr aus. Das führt, wenn der alte Vermittler sich einschaltet, zu tragikomischen Missverständnissen, etwa zwischen dem jungen Metzger und der Tochter des Notars. Auch diese Erzählung ist eine mit großer Leichtigkeit geschriebene Reflexion auf Fortschritt, Beharrung und den zwangsläufigen Untergang bestimmter Lebensformen.

Die Leser jedenfalls wussten den Erzählband zu schätzen, der dann auch bald in mehrere Sprachen übersetzt wurde. Inzwischen schrieb Silone aber bereits an seinem zweiten großen Roman, *Pane e Vino*, den er nach der Überarbeitung in *Vino e Pane* umbenennen wird.

»Wein und Brot«

Silone hat dieses Buch mit Blick auf den faschistischen Angriffskrieg gegen Abessinien und zur Zeit der großen Moskauer Schauprozesse geschrieben. »Das inhumane Verhalten von General Graziani gegenüber den äthiopischen Soldaten und Zivilisten, die Euphorie vieler Italiener über die Eroberung des Reichs, die Passivität der Bevölkerungsmehrheit, die Ohnmacht der Antifaschisten«, all das habe ihn mit tiefer Scham erfüllt, schreibt der Autor in einem späteren Vorwort.[67] »Hinzu kamen der Schrecken und das Missfallen darüber, in den Jahren meiner Jugend einem revolutionären Ideal gedient zu haben, das in seiner stalinistischen Erscheinungsform sich als nichts anderes als, wie ich es damals definierte, ›roter Faschismus‹ offenbarte. Daher neigte ich in meiner Gemütsverfassung stärker zur Emphase, zum Sarkasmus und zum Melodram.«[68]

Diese Elemente hat der Autor bei der Überarbeitung für die italienische Ausgabe 1955 abgemildert. Doch nicht sie sind es, wodurch sich der Roman wesentlich von *Fontamara* unterscheidet, vielmehr ist es der Gestaltungsansatz. *Fontamara* hatte einen kollektiven Helden – die Cafoni des Dorfes. Berardo Viola ist nur einer von ihnen, dessen Schicksal durch die besonderen Umstände bedeutsam für die Dorfgemeinschaft wird. Aus ihr stammen die fiktiven Erzähler, ihre Sichtweise versucht der Autor zu übernehmen. – Von *Wein und Brot* an jedoch schreibt Silone aus der Perspektive des allwissenden Erzählers und überträgt das, was er vermitteln und darstellen will, einzelnen Helden, die streckenweise zu seinem Sprachrohr werden. Das wäre noch nicht besonders bemerkenswert, wenn es nicht symptomatisch für eine generelle Verschiebung der Prioritäten wäre. Während es in *Fontamara* vor allem darum ging, dass die Einzelnen zum gemeinsamen Handeln und Widerstand fanden, sind in *Wein und Brot* die Entscheidung und das Verhalten des Individuums in den Mittelpunkt gerückt. Solidarität und vereintes Handeln sind nach wie vor ein Desiderat, doch die Rolle, die dabei die (kommunistische) Partei spielt, wird grundsätzlich in Frage gestellt. Will der Einzelne seinen Idealen treu bleiben und der Realität gerecht werden, gerät er in Konflikt mit der Organisation und ihren Machtansprüchen. Es ist also auch Silones eigene Erfahrung, die er in diesem Roman aufzuarbeiten beginnt, eine moralische Problemstellung, die ihn bis an sein Lebensende nicht loslassen wird und die er – was sich schon in *Fontamara* ankündigte – zunehmend mit einer Rückbesinnung auf christliche Werte beantworten wird.

Die Gestalt des Pietro Spina aus *Wein und Brot* trägt nicht nur in dieser Hinsicht autobiografische Züge. Ähnlich wie Berardo aus *Fontamara* lernen wir ihn zunächst durch neugierig machende Bemerkungen der anderen kennen. Das erste Kapitel ist ein kleines erzählerisches Kunststück: Auf unaufdringliche Weise werden wir in die Landschaft, die Gegebenheiten und die historische Situation eingeführt. Don Benedetto, der alte Lehrer und Pfarrer des Ortes, der durch seine unorthodoxe Amtsführung zu einem Außenseiter geworden ist, hat Geburtstag. Zu Besuch kommen drei ehemalige Schüler, die sich der alten Zeiten erinnern: der Arzt Nunzio, der Milizoffizier Concettino und der Pfarrer Don Piccirilli. Sie alle haben, wie sich im Gespräch herausstellt, Konzessionen an die neue Zeit und ihre Machthaber gemacht – zum Kummer des alten Lehrers, der sich nach dem Sinn seiner Erziehungsarbeit fragen muss. Und er fragt nach seinem einstigen Lieblingsschüler Pietro Spina, der in seinem letzten Aufsatz geschrieben hatte:

>»Wenn es nicht so lästig wäre, nach dem Tode auf die Altäre gestellt und von lauter unbekannten Personen angebetet zu werden, noch dazu meist von hässlichen alten Frauen, dann würde ich gern das Leben eines Heiligen führen. Ich möchte mein Leben nicht nach den Umständen und materiellen Gegebenheiten einrichten, sondern ich möchte, ohne mich um die möglichen Folgen zu kümmern, leben und kämpfen für das, was ich eines Tages als wahr und richtig erkennen werde.«[69]

Was ist aus dem ›Heiligen‹ geworden? Der Leser erfährt Daten, die aus Silones Biografie stammen könnten: Sozialistische Jugend, Verhaftung, Flucht, Exil in der Schweiz, in Frankreich und Belgien, lungenkrank. Einen wesentlichen Unterschied gibt es jedoch zum Lebenslauf des Autors: »Pietro ist in Italien. Er ist heimlich über die Grenze gekommen … vielleicht ist er jetzt schon verhaftet«[70], weiß der Milizionär Concettino.

Doch der Bauer Cardile hat den Schwerkranken versteckt und holt entgegen Pietros Wunsch den Arzt. Nunzios Zusammentreffen mit dem rebellischen Jugendfreund gibt Raum für einen längeren Diskurs über Unterwerfung und Widerstand, Verantwortung und Freiheit:

»Freiheit ist nicht etwas, was man geschenkt bekommt … Man kann in einem diktatorisch regierten Land leben und dennoch frei sein, unter einer Bedingung: man muss die Diktatur bekämpfen. Der Mensch, der mit seinem eigenen Kopf denkt und dessen Herz unbestechlich bleibt, ist frei. Der Mensch, der für das kämpft, was er für richtig hält, ist frei.«[71]

Eine dialektisch angelegte, aber zugleich höchst idealistische Argumentation, apodiktisch formuliert. Pietros Standort ist damit bestimmt. Die Handlung des Romans muss zeigen, inwiefern er diesen Vorstellungen gemäß leben kann.

Zunächst bleibt Pietro auf Cardiles Heuboden versteckt. Der Stall mit der Krippe und dem Esel schaffen Assoziationen zur Weihnachtsgeschichte. Wie sehr biblische Bilder Silones Kompositionen bestimmen, hat Aline Valangin in einem späteren Brief an den Autor festgestellt: »Haben Sie bemerkt … dass die wichtigsten Situationen in *Wein und Brot* und *Der Samen unter dem Schnee* unweigerlich liturgische Situationen reproduzieren? Die Krippe im Stall, die Flucht, das Abendmahl, der Verrat, das Opfer.« Silone antwortete: »Diese Beobachtung hat mich überrascht, zum Teil überzeugt, und mir eine Reihe anderer Dinge bewusst gemacht«[72], z. B. die Tatsache, dass in seiner Heimat die einzige überhaupt zugängliche Kunst religiösen Charakters war und daher die Interpretation des Lebens aus dieser Bilderwelt naheliegend war.

Bei Wein und Brot, den Gaben der Eucharistie, kann Pietro langsam genesen. Doch er ist in seinem Versteck nicht sicher, und seine Beschützer suchen nach einem besseren Zufluchtsort. Pietro soll sich als Priester, als Don Paolo Spada, in einem abgelegenen Gebirgsdorf erholen. Widerwillig lässt er sich verkleiden.

Es handelt sich dabei nicht nur um eine von der drohenden Gefahr diktierte Maskerade, sondern zugleich um einen effizienten erzählerischen Kunstgriff Silones. Auf der einen Seite nimmt er durch das inszenierte Täuschungsmanöver der christlichen Symbolik die Schwere und erlaubt komische Momente, auf der anderen Seite kann er durch diesen falschen Priester das Verhältnis der Dorfbewohner zu Gott und Kirche, ihren Glauben und Aberglauben, ihre Wünsche und ihre Not anschaulich machen. Die Ironie des Schicksals liegt darin, dass der Kommunist, der Lenins Schriften zur Agrarfrage im Rucksack hat und gekommen ist, im bäuerlichen Süditalien für die Revolution zu werben, erst in seiner Rolle als Pfarrer einen wirklichen Einblick in die Lage der armen Bevölkerung bekommt. Diese wird keineswegs idealisiert, sondern durchaus auch in ihrer Dumpfheit, Unterwürfigkeit und Beschränktheit gezeigt.

Symbolismus und Ironie – so ist eine lesenswerte Silone-Untersuchung von Maria Nicolai Paynter[73] betitelt, und tatsächlich lässt sich die Erzählstrategie von Silone gerade in *Wein und Brot* erhellend mit diesem Begriffspaar analysieren. Wobei die symbolische Ebene, wie bereits angesprochen, sehr oft von der christlichen Symbolik zehrt, während die Ironie auf verschiedenen Ebenen wirksam wird. Da ist einmal das uneigentliche Sprechen; oft nur für den Leser und nicht für den Dialogpartner im Roman als solches zu erkennen, stellt es den Gegenstand, um den es geht, in Frage und rückt ihn in ein anderes Licht, das, je nachdem, eine humorvolle oder sarkastische Sicht ermöglicht. Wichtiger ist jedoch eine strukturelle Ironie, die, wie oben beschrieben, sich in der Handlung als ›Ironie des Schicksals‹ bemerkbar macht oder in ganzen Szenen, die ein bestehendes Bedeutungsmuster konterkarieren und damit neue Deutungen oder Erkenntnisse ermöglichen.

Daneben gibt es, wie schon in *Fontamara*, eindringliche Szenen von unmittelbarer Aussagekraft, etwa die nächtliche Fahrt des als Priester verkleideten Pietro durch sein Heimatdorf.

»Der Hofhund des Stellmachers bemerkte als erster die Ankunft des Wagens. Er bellte zwei oder drei Mal, wie es üblich ist; dann blieb er horchend an der Tür und knurrte leise in fragendem Ton vor sich hin. Der Wagen fuhr so dicht an der Werkstatt vorüber, dass er fast die Tür streifte. In diesem Augenblick brach der Hund in ein lang anhaltendes lautes Geheul aus. Die Hündin, die den Gemüsegarten hinter der Kirche bewachte, stimmte erschreckt ein. Don Paolo hielt die Augen geschlossen, aber an dem Geräusch der Räder konnte er erkennen, dass der Wagen den Kirchplatz erreicht hatte … Alle Hunde des Ortes wurden nacheinander von der Aufregung erfasst … ›Was zum Teufel ist hier los?‹ schrie der Kutscher … Don Paolo antwortete nicht. Etwa dreißig bis vierzig Hunde heulten, knurrten und bellten von allen Höfen und Gärten her. Der Wagen ließ die letzten Häuser von Orta hinter sich, und die Hunde bellten immer noch; dann wurde einer nach dem anderen still.«[74]

Solche Szenen machen verständlich, dass Silone zuweilen dem Neorealismus zugerechnet wird. Diese Klassifizierung ist allerdings problematisch, da der Autor mit seinem Werk zu sehr Einzelgänger ist, als dass man ihn einer Literaturströmung zuordnen könnte. Dagegen spricht auch, dass der Begriff Neorealismus in Italien zuerst für das Kino verwendet worden ist, und die betreffenden Filme von Vittorio de Sica, Zavattini u. a. erst ein gutes Jahrzehnt nach Silones ersten Romanen entstanden sind. Die Verbindung von genauer Alltagsdarstellung bei gleichzeitiger symbolischer (bis mythischer) Überhöhung des Geschehens haben sie allerdings mit Silones Romanen gemein; ebenfalls das Ambiente der kleinen Leute. Doch der alles überlagernde moralisch-politische Diskurs, die Überzeugung, dass zur Realität auch die gedankliche Auseinandersetzung mit ihr gehört, findet sich nur bei Silone.

Der falsche Priester aus *Wein und Brot* trifft in seinem Zufluchtsort Pietrasecca auf Cristina Colamartini, eine junge Patriziertochter, die sich zur Nonne berufen fühlt, diese Berufung aber ihrer Familie (einem alten verarmten Vater und drei hilfsbedürftigen Frauen) opfern muss. Paolo ist tief bewegt, glaubt er doch in diesem Mädchen den Hang zum Absoluten wiederzufinden, der ihm selbst eigen gewesen ist. Auch vor ihr Versteck spielen zu müssen, ist ihm unangenehm, und so beginnt er in einem Tagebuch Gespräche mit Cristina zu führen, die in Wahrheit Selbstgespräche sind. Die Begegnung wirkt wie ein Katalysator, durch den die eigenen inneren Konflikte und Zweifel plötzlich benennbar werden. Für den Leser wirkt es dennoch etwas überraschend, wenn Silone nun (seine ureignen) Probleme mit Politik und Partei einführt, da nicht dargestellt worden ist, auf welche Weise Pietro Spina mit solchen Problemen konfrontiert wird. Das liefert die Romanhandlung erst später nach, so dass die Reflexionen an dieser Stelle wie ein abstrakter Vorlauf wirken:

»Es ist das traurige Schicksal aller Bewegungen, die sich das Heil der Menschheit zum Ziel gesetzt haben: Sie werden zu Fallen, in denen der Mensch sich selbst verliert … Ist es möglich, am politischen Leben teilzunehmen, sich in den Dienst einer Partei zu stellen und trotzdem ehrlich zu bleiben? Ist die Wahrheit nicht für mich eine Parteiwahrheit geworden und die Gerechtigkeit eine Parteigerechtigkeit? Steht nicht auch für mich das Interesse der Organisation als Höchstes über allen moralischen Werten, die wir als kleinbürgerliche Vorurteile verachten?«[75]

Bald jedoch hat er offensichtlich seinem Büchlein schon anderes anzuvertrauen. Cristinas Wunsch, ins Kloster zu gehen, empfindet der Verliebte als persönliche Bedrohung, und auch Cristina reagiert, zwar unbewusst und deshalb unbefangen, durchaus weiblich auf ihren Gesprächspartner in der Soutane.

Der Realist Silone zeigt Cristina nicht nur als schöne Seele. Wie alle anderen Figuren ist sie auch ein Produkt der Gesellschaft. Dafür spricht ihre Unfähigkeit, in weltlichen Dingen die Denkgewohnheiten ihres Standes zu überwinden – etwa wenn sie die Familienehre gegen eine Verbindung ihres Bruders mit der lebenslustigen Wirtstocher Bianchina anführt. Ein Gespräch darüber führt zu einer Entfremdung mit dem ›Geistlichen‹.

Pietro will wieder den Kontakt zu seiner Partei herstellen. Inzwischen versucht er, die Stimmung bei den Cafoni auszuloten und ihnen den Gedanken an die Veränderbarkeit der Welt nahezubringen, stößt aber auf taube Ohren. Nur ein junger Mann wirkt zugänglich. Pietro schöpft Hoffnung und erzählt ihm von einem großen Land im Osten, wo die Cafoni ihr Schicksal selbst in die Hand genommen haben. Aber just dieser geduldige Zuhörer, so muss Pietro/Paolo erfahren, ist ein Taubstummer – wieder ein Beispiel für Silones strukturelle Ironie. Zugleich weist die Szene über sich hinaus auf die gesellschaftliche Situation und das davon geprägte Bewusstsein.

Pietro gibt nicht auf, er baut jetzt auf die ehemaligen Sozialisten. In der Kreisstadt trifft er den redseligen Advokaten Zabaglione, aber der leidet vor allem darunter, dass die Faschisten ihm nicht erlauben, seine rhetorischen Gaben in den Dienst der historischen Stunde zu stellen – sein Name (Zabaione ist bekanntlich zuckriger Eierschaum) sagt schon alles. – Überhaupt liebt Silone die sprechenden Namen, allerdings vorwiegend bei den satirisch gezeichneten Figuren. Don Circonstanza (Gelegenheit, Umstand – also jede Gelegenheit nutzend, sich den Umständen anpassend) aus *Fontamara* war eine deftigere Version des Zabaglione.

Pietros Erkundigungen bringen ihn über Bianchina schließlich mit einer Gruppe junger Leute zusammen, die die Versprechungen der Faschisten ernst genommen haben und nun enttäuscht eine zweite Revolution fordern. In dem Apothekersohn Pompeo findet Pietro einen handlungsbereiten Freund. – Nun macht er sich auf nach Rom, um Unterstützung zu finden. Die Reise wird für ihn zu einem Debakel. Das Zusammentreffen mit dem Parteisekretär Battipaglia (Strohdrescher) und dessen Forderung, sich der Mehrheitsmeinung in der russischen KP anzuschließen, empört Pietro – hier werden Silones Moskauer Erfahrungen aufgegriffen –, und als er die Adressen aufsucht, die ihm der Maurer Romeo gegeben hat, um ein Verbindungsnetz von Abruzzesern aufzubauen, erlebt er Deprimierendes.

Der Geiger Uliva, ein ehemaliger Freund aus der Studentengruppe, war mehrmals in Haft, lebt nun in absolutem Elend und hat eine defätistische Meinung über die kommunistische Bewegung: »Auf die jetzige schwarze Inquisition wird eine rote Inquisition folgen … Du begreifst nicht, weil du nicht begreifen willst. Du hast Angst vor der Wahrheit.«[76]

Die Geschichte, die ihm die junge Annina erzählt, ist noch bedrückender. Ihr Freund Murica ist verschwunden. Er konnte es nicht ertragen, dass sie, als sie ihn vor zwei Polizisten schützen wollte, von diesen vergewaltigt wurde.

Pietros Rückfahrt in die Abruzzen fällt mit der Mobilmachung für den Afrikakrieg zusammen. In Fossa bereitet man eine Feier vor, auch aus Pietrasecca sollen die Leute mit einem Lastwagen geholt werden (»aber es müssen ein paar Carabinieri mitfahren, damit die Bevölkerung begreift, dass sie sich aus eigenem Antrieb hier einzufinden hat«[77]). Dieses Fest zum Kriegsbeginn nutzt Silone, ähnlich wie die Farce der großen Volksversammlung zur Fucino-Frage in *Fontamara*, um ein umfassendes Panorama der Gesellschaft und ihrer jeweiligen Interessen zu zeichnen: eine Groteske, in der der Autor die Widersprüche, die die politische Lage bestimmen, durch Überzeichnung herausarbeitet. Das Komische der Situation wird aber durch die Perspektive des herumirrenden Don Paolo eingetrübt, der in der begeisterten Menge vergeblich nach Kriegsgegnern sucht. Als alle schon betrunken sind, macht er sich mit einem Stück Holzkohle auf den Weg und schreibt Antikriegsparolen an die Mauern. Eine verzweifelte Tat, nicht gerade aus dem Lehrbuch kommunistischer Kaderarbeit und doch ein Fanal.

»Ein einziger Mensch, und sei er noch so unbedeutend, der an seiner Überzeugung festhält, ist in jeder Diktatur eine Gefahr für die öffentliche Ordnung«[78], erklärt Don Paolo am nächsten Tag Bianchina, die nicht versteht, warum wegen ein paar Schmierereien nun die Carabinieri anrücken.

Pietro Spina weiß jedenfalls, dass die Priestermaske ihn nicht mehr lange schützen wird, und sucht noch einmal seinen alten Lehrer Don Benedetto auf. Es begegnen sich zwei, die, zu ihrer Überzeugung stehend, Außenseiter geworden sind – in der Partei, in der Kirche. Ihre jeweiligen Positionen sind sich erstaunlich nah. Der Sozialismus sei nur Pietros Art gewesen, Gott zu dienen, sagt Don Benedetto später einmal. – Er schickt einen jungen Mann zu Pietro – eben jenen Luigi Murica, der mit der kleinen kommunistischen Schneiderin Annina befreundet war.

Es stellt sich heraus, dass Murica, damals ein mittelloser Student, nach seiner Festnahme von der Polizei angeworben worden war und dann regelmäßig Berichte über seine Gruppe geschrieben hatte – so allgemein, dass sie niemandem schaden konnten. Es wurde jedoch mehr von ihm verlangt. Das Wissen, auch Annina zu verraten, hatte ihn zutiefst gepeinigt. Schließlich floh er zu seinen Eltern, wollte bei der Feldarbeit seine Schuld vergessen.[79]

Silone spart aus, auf welche Weise Pietro Murica wieder aufrichtet. Wir erfahren nur, dass Annina ihm vergeben hat, dass er den Cafoni von der Revolution erzählt hat und verhaftet worden ist. Pietro eilt zu ihm, kommt aber nur noch zur Beerdigung – Murica ist an den Misshandlungen gestorben. Auch dem falschen Priester ist man auf der Spur. Er flieht in die Berge. Cristina, der er seine wahre Identität entdeckt hat, erfährt davon, packt Kleider und Essen für ihn ein und will ihn über einen Bergpfad erreichen. Doch sie ist allein in der Schneelandschaft. Auf ihr Rufen antwortet nur ein Heulen:

»Trotz der Dunkelheit sah Cristina durch das Schneegestöber den Wolf, der schnell und stetig auf sie zulief. Manchmal verschwand er in einer Schneewehe, dann tauchte er wieder auf, und in der Ferne erschienen noch andere schattenhafte Gestalten.

Cristina kniete nieder und machte das Zeichen des Kreuzes. Dann schloss sie die Augen.«[80]

Damit endet der Roman. Für den Hang zum Melodramatischen, den Silone selbst konstatiert hat[81], spricht dieses Ende. Man kann es auch als zutiefst pessimistisch bezeichnen: Pietro erneut auf der Flucht, Murica zu Tode gefoltert, Cristina ein Fraß der Wölfe, die jungen Leute, auf die Pietro seine Hoffnungen gesetzt hat, auseinander gelaufen oder gar als Freiwillige beim Afrikakrieg. Dennoch atmet der Roman keineswegs Resignation, sondern erzeugt im Leser eher ein Gefühl der Auflehnung: Das kann nicht das letzte Wort sein. Immerhin ist das Scheitern mit einem Akt der Erkenntnis verbunden. Pietro weiß, dass er seine Ideale nicht an die Partei delegieren kann. Murica hat seine Angst überwunden und zur Geradlinigkeit zurückgefunden. Cristina handelt nicht nur aus Nächstenliebe.

Das Gefühl, das letzte Wort sei in dieser Geschichte noch nicht gesagt, muss auch Silone gehabt haben, als er sich dazu entschloss, mit *Der Samen unter dem Schnee* eine Fortsetzung von *Wein und Brot* zu schreiben. Dass er diesen Plan nicht von Anfang an hatte, zeigt, dass er bei der Überarbeitung von *Brot und Wein* kleine Änderungen und Einfügungen vorgenommen hat, die weitere Anknüpfungspunkte zwischen den beiden Romanen schaffen. Die interessanteste Änderung ist sicherlich, dass er *Wein und Brot*, das ebenso wie *Der Samen unter dem Schnee* zunächst im Präsens geschrieben war, in die Vergangenheit gesetzt hat. Silone selbst hat sich dazu nicht geäußert; womöglich wollte er damit, wie Luce d'Eramo vermutet, Pietro Spinas Auseinandersetzung mit seiner bisherigen politischen Arbeit und seine von Erinnerungen getragene Rückkehr in die Heimat eindeutig als Vorgeschichte ausweisen, um im Folgeroman dann Pietros Ankunft in der Gegenwart darzustellen.[82]

Was für Lebenserfahrungen gehen jedoch der Niederschrift von *Der Samen unter dem Schnee* voraus? Zunächst einmal der Erfolg von *Brot und Wein*. 1934 hatte Silone in Zürich mit der Niederschrift begonnen, 1936 erschien der Roman bei Oprecht in der Übersetzung von Adolf Saager, 1937 im Europa Verlag sowie in der Zürcher Büchergilde Gutenberg, dort sogar in einer Auflage von 40.000 Exemplaren.

Es fehlte nicht an prominenten Kritikern. Thomas Mann schrieb, »in Brot und Wein vereinen sich auf das Glücklichste die liebevolle Kenntnis des italienischen Volkes mit einer leidenschaftlichen Freiheitsliebe«[83]. Albert Camus konstatierte: »… das Buch eines Menschen in der Revolte, in der klassischsten aller Formen modelliert … Wenn das Wort Poesie einen Sinn hat, so ist er hier wiederzufinden, in diesen Bildern eines ewigen und bäuerlichen Italiens«, und bemerkte, »die Größe eines Gaubens misst sich an seinen Zweifeln«[84]. Im Ausland müssen Übersetzer förmlich in den Startlöchern gewartet haben, denn bereits 1936 werden die ersten Übersetzungen in Holland, Dänemark und England publiziert. Weitere erscheinen in den folgenden Jahren – insgesamt ist *Wein und Brot* in 19 Sprachen übertragen worden.

Silone sorgt auch wieder für eine italienische Ausgabe, und zwar in Eigenregie: Bereits 1937 erscheint der Roman bei den Nuove Edizioni die Capolago in Lugano, einem Verlag, den Silone ein Jahr zuvor gemeinsam mit der Schriftstellerin und Wissenschaftlerin Gina Lombroso und mit Egidio Reale gegründet hat. Das war, wie Silone später erinnert, »eine der wenigen Initiativen, die darauf zielten, die schwachen Kräfte des demokratischen italienischen Antifaschismus, die in den verschiedenen Kantonen der Schweiz zerstreut waren und darüberhinaus noch in die Schubladen der verschiedenen Tendenzen aufgeteilt waren, in einer gemeinsamen Kulturarbeit zu vereinen«[85]. Zugleich war es auch so etwas wie ein Selbsthilfeprojekt der italienischen Schriftsteller, um ihre Werke veröffentlichen zu können. Die Hoffnung, einen finanziell stabilen Verlag zu etablieren, zerschlug sich jedoch. Letztlich mussten doch die Autoren selbst bzw. ihre Gönner die Publikationen bezahlen. Auch der Plan, nicht nur die Emigranten und die italienische Schweiz zu beliefern, sondern auch nach Italien Bücher als Konterbande einzuführen, ließ sich nur sehr begrenzt durchführen. Immerhin sind in diesem Verlag bis zu Beginn des 2. Weltkriegs eine stattliche Anzahl von Werken erschienen.

Die literarische Aufarbeitung seiner persönlichen Krise mit der Kommunistischen Partei hatte Silone offensichtlich die innere Freiheit gegeben, nun auch bei der journalistischen Arbeit offensiv gegen den Stalinismus Front zu machen. Von dem Schriftsteller Ernst Ottwalt aufgefordert, in der Moskauer Zeitschrift *Das Wort* in einen Diskurs über seine Romane einzutreten, verweigert er sich mit Hinweis auf den roten Faschismus der Stalinschen Prozesse. Unter dem Titel »Brief nach Moskau« ist Silones Antwort an Ottwalt (der im selben Jahr ein Opfer stalinistischer Säuberungspolitik wurde und 1943 in einem Lager starb) in mehreren internationalen Zeitschriften veröffentlicht worden.

Im gleichen Jahr macht sich Silone auf den Weg nach Spanien, um über den Bürgerkrieg zu berichten. Seine Gesundheit zwingt ihn jedoch, die Reise schon in Paris abzubrechen. Nicht nur die Tatsache, dass nun ebenfalls in Spanien die Faschisten auf dem Vormarsch waren, mag ihn zu einer Annäherung an die Sozialistische Partei bewogen haben. Entscheidend war wohl auch, dass er dort die Position seines ehemaligen Genossen Angelo Tasca (der nun zur Führung der Sozialisten gehörte) gegen die von Pietro Nenni, der ein Zusammengehen mit den Kommunisten propagierte, stärken wollte – etwa durch Beiträge im *Nuovo Avanti!*.

»Die Schule der Diktatoren«

In dieser Stimmung legt Silone die schon begonnene Fortsetzung von *Brot und Wein* erst einmal beiseite und schreibt stattdessen *Die Schule der Diktatoren*[86], eine literarische Fortsetzung seiner Studien über den Faschismus. Der Inhalt: Zwei Amerikaner, Mr. Dabbel Juh, der Diktator werden will, und sein ideologischer Ratgeber, Professor Pickup, reisen durch Europa, um sich an Ort und Stelle darüber zu informieren, wie man ein totalitäres Regime aufbaut. Schließlich kommen sie in die Schweiz und suchen sich einen Lehrer, der ihnen ihre Erfahrungen erklärt. Niemand ist geeigneter als ein Gegner jeglicher Diktatur, er kennt die Schlichen seiner Feinde am besten. Tommaso der Zyniker übernimmt die Aufgabe, die Silone in einem späteren Vorwort folgendermaßen beschreibt: »Neben der Kritik an den Ideologien des Faschismus und des Nationalsozialismus ... die sozialen Ursachen aufzudecken, welche die totalitären Bestrebungen in unserer Zeit so bedeutend erleichtern.«[87] In dem Werk geschieht dies ex negativo: Tommaso – dessen Zynismus im philosophischen Sinn in einem ideologiefreien Realismus liegt – beschreibt, welche Bedingungen man schaffen und auf welche Weise man verfahren muss, um zu dem erwünschten Resultat zu kommen. Dabei macht allein diese Beschreibung deutlich, dass das Ziel alles andere als wünschenswert ist (als Gegenmodell – zumindest in einigen Aspekten – scheint die Schweiz als Hort direkter Demokratie auf). Formal ist *Die Schule der Diktatoren* Dialogprosa, in der das analytische Grundkonzept in geistreicher, oft auch ironischer und sarkastischer Weise formuliert wird.

Die Schule der Diktatoren erscheint 1938 im Zürcher Europa Verlag und wird alsbald in England und den USA übersetzt. Die Kritik hat nicht von ungefähr als Bezugsgröße Machiavellis *Il principe* gesehen.

Der Beginn des Krieges bestätigt Silones schlimmste Befürchtungen und erschwert nach der Besetzung Frankreichs nochmals die Situation der Emigranten. Deren Zahl nimmt sprunghaft zu, was, bei aller Unsicherheit und allem Leid, das ein Flüchtlingsschicksal mit sich bringt, den Nebeneffekt hat, dass noch stärker als zuvor in Zürich das kulturelle Leben floriert. Das Café Odeon am Bellevue ist ein Treffpunkt der Emigranten, den auch Silone frequentiert. Er macht in dieser Zeit u. a. die Bekanntschaft von James Joyce und Robert Musil. Über die Begegnung mit Letzterem hat er später geschrieben. Der unpolitische Musil hatte Silone auf die Frage, warum er Wien verlassen habe, da er doch nicht verfolgt worden sei, geantwortet: »Meine Leser und Kritiker waren fast alle Juden. Nach und nach sind sie in den letzten Jahren alle verschwunden. Was hatte ich dort alleine noch zu suchen?«[88]

Silone beschreibt die objektiven und subjektiven Schwierigkeiten Musils in der Emigration und seine Tendenz, sich selbst zu isolieren. Einfühlsam und kritisch analysiert er den *Mann ohne Eigenschaften* und kommt zu dem Schluss: »Die wahre, unvergleichliche Kraft und Würde des Romans liegt tatsächlich in dem Autor selbst, der darin enthalten ist, ganz und gar, wie ein lebendig Begrabener, gefangen von seiner Utopie.«[89]

»Der Samen unter dem Schnee«

Im ersten Kriegsjahr hat Silone die Arbeit an *Der Samen unter dem Schnee* wieder aufgenommen und dann 1940 abgeschlossen. Der Roman erscheint 1941, wiederum auf Deutsch, diesmal in der Übersetzung von W. J. Guggenheim, bei Oprecht im Europa Verlag. Der Text zieht die Aufmerksamkeit der Schweizer Zensur auf sich. Es ist bemerkenswert, wie feinfühlig der Zensor den Empfindlichkeiten des faschistischen Italiens entgegenkommt.[90] Silone weigert sich, die Aussage bestimmter Sätze abzuschwächen – man soll sie lieber ganz weglassen. 1942 kann der Roman dann auf Italienisch bei Nuove edizioni di Capolago erscheinen, allerdings mit der Auflage, dass für das Buch nicht geworben wird.

In einer Zeit, da Europa in Flammen steht, hat Silone einen Text geschrieben, der sich von der Politik weg bewegt und die Frage, was der Mensch ist und wie ein menschliches Leben überhaupt möglich ist, in das Zentrum der Überlegungen stellt.

Inhaltlich knüpft der Roman direkt an *Brot und Wein* an. Pietro Spina ist nicht wie vermutet in die Berge geflohen und dort umgekommen, sondern hält sich in Sciataps Stall versteckt. Sciatap wittert ein gutes Geschäft. Als Gras über die Angelegenheit gewachsen ist, bietet er Pietros Großmutter, Donna Maria Vicenza, den Enkel gegen ein ordentliches Lösegeld an.

Der Roman beginnt mit Maria Vicenzas Fahrt nach Orta zu ihrem Sohn Bastiano, den sie um Hilfe bitten will. Bastiano aber ist beschäftigt: Er erwartet Gäste, die von seinem Balkon aus der alljährlichen Zeremonie der Eselssegnung beiwohnen wollen. Diese Zusammenkunft nutzt Silone, um ein so komisches wie gnadenloses Bild der Gesellschaft von Orta zu zeichnen: im Haus die Bürger und Kleinbürger, Faschisten und Mitläufer, anpasserisch, missgünstig und klatschsüchtig, die sich durch ihre Gesten und ihre Rhetorik entlarven; auf dem Platz vor dem Haus, also in gebührender Distanz, die Cafoni mit ihren Eseln, ein Schauspiel nur für die Betrachter.

Donna Maria Vicenza muss die Sache selbst in die Hand nehmen, versteckt den Enkel im Haus seiner Väter. Der aber spricht über seine Zeit im Stall wie über eine Epiphanie. Dort

»durchströmte mich ein unsägliches Gefühl der Ruhe und Gelassenheit, tiefer Friede, … und alle Angst wich von mir … In der vollkommenen Klarheit, die mich nun erfasst hatte, erkannte ich, dass mein ganzes bisheriges Leben nachträglich einen Sinn bekam … Wenn ich es zurückverfolgte bis in die trägen Internatsjahre, bis zum Erdbeben, zur Flucht der Familie, den unfruchtbaren, trostlosen Emigrationsjahren, so erschien mir dieses Leben wie eine allmähliche Loslösung, eine Befreiung von den groben Täuschungen, die den meisten so teuer sind.«[91]

Die Erfahrung der nackten und dennoch geborgenen Existenz hatte Pietro vollständig das Zeitgefühl verlieren lassen, er wünschte oder suchte nichts mehr. Die Rettung durch die Großmutter hat ihn in die Zeit zurückgebracht, doch es ist die Zeit seiner Vergangenheit. – Was um ihn herum geschieht, beobachtet er mit neuen Augen, etwa die Art wie der alte Diener Venanzio die Familienehre verteidigt, als sei er selbst ein Spina. Oder Natalina, das Dienstmädchen, das jeden Sonntag in einen fiktiven Zug steigt; von ihr fühlt er sich zugleich angezogen und abgestoßen. Wie schon in den vorangegangenen Romanen schönt Silone auch hier die kleinen Leute in seinen Beschreibungen nicht (»aus der Nähe stört ihn außer Natalinas Manien ihr scharfer und durchdringender Schweißgeruch, ein säuerlicher Geruch, der an bestimmten Tagen noch verstärkt wird durch die Ausdünstungen eines billigen Talkumpuders«[92]). Anders jedoch als bisher ist seine Einteilung der Menschen nicht klassenmäßig bedingt (obwohl sie nach wie vor geprägt von ihrer Schicht gezeigt werden), sondern durch die Wahl, die sie, bewusst oder unbewusst, einmal getroffen haben und die sie offen für die Verwandtschaft mit ähnlichen Seelen macht. In Silones Worten:

»Die innere Spannung des Romans ist das Resultat der Gegenwart dieser lebendigen freien wagemutigen Menschen in einer vereisten und friedhofsähnlichen Welt. Es ist also ein Roman der absoluten, ›totalitären‹ Freundschaft, gegen den totalitären Tod. Der Gegensatz ist nicht mehr ein politischer, sondern der zwischen zwei entgegengesetzten Weisen, das Leben und die Menschen zu sehen.«[93]

Ein unerhörter Vorfall im Städtchen ist so etwas wie ein Lackmustest, bei dem die Gesinnungen deutlich werden. Donna Maria Vicenza war von Pontius zu Pilatus gelaufen, um einen

Fürsprecher zu finden, der eine Begnadigung für Pietro erwirken könnte. Alle alten ›Freunde‹ – das Motiv der Freundschaft durchzieht den Roman – hatten sich jedoch abgewandt. Der Redner Don Coriolano fährt schließlich für sie nach Rom und kommt – was niemand erwartet hat – mit einem bewilligten Gnadengesuch heim, das Großmutter Spina nur noch unterschreiben muss. Doch Pietro will diese Gnade und den damit verbundenen Kompromiss nicht, und so muss Maria Vicenza die Unterschrift verweigern. Der Skandal ist perfekt: War Pietros Verhalten schon eine unsägliche Provokation, so ist die Ablehnung der Vergebung unverzeihlich.

Silone zeigt sein ganzes Können als Satiriker bei der Szene im Hause Lazzaro, wo ein paar Ehrenmänner zusammengekommen sind und, je nach Interessenlage, versuchen, den Schaden aus diesem Vorfall klein zu halten, bzw. daraus Kapital zu schlagen – unter Freunden, versteht sich. Zugleich ist dieses Kapitel ein ironischer Diskurs über die Redekunst, über Macht und Manipulation.

Währenddessen ist Pietro auf das Höchste beunruhigt, weil sein Freund aus der Höhlenzeit, der taubstumme Infante, festgenommen worden ist. Die Gemeinschaft mit diesem Geschöpf, das, der Kommunikation kaum fähig, ihm durch seine reine Gegenwart menschliche Nähe gegeben hat, gehört zu seiner neuen Erfahrung, wie auch die Beobachtung eines keimenden Samens, die ihn auf den Urgrund des Lebens zurückgeführt hat:

»Meine eigene Existenz kam mir ebenso gefährdet, ebenso ausgeliefert vor wie der kleine Samen, der unter dem Schnee sich selbst überlassen war; gleichzeitig empfand ich meine Existenz genauso natürlich, lebendig und wichtig wie seine, ja sie war das Leben selbst in seiner anspruchslosen, schmerzlichen und immer bedrohten Wirklichkeit.«[94]

Der Diener Venanzio holt Infante schließlich bei den Carabinieri heraus und bringt ihn bei Simone unter. Nur von diesem verelendeten und für leicht verrückt geltenden ehemaligen Grundbesitzer war Hilfe zu erhoffen. Simone, der bislang nur als Randfigur durch bissige Kommentare aufgefallen ist, wird jetzt als trinkfreudiger Wahrer des heiligen Gesetzes der Gastfreundschaft eingeführt.

Pietro Spina weiß nun, wo sein Platz ist, er verlässt sein Versteck im Haus der Großmutter und findet ebenfalls bei Simone Aufnahme. Dessen Heim ist nur ein Heuschober, der Schnee weht durch die Luken herein, und doch schafft Silone daraus einen Ort der konkreten Utopie. Die drei Männer leben so anspruchslos wie nur denkbar, verwirklichen jedoch den größten Anspruch überhaupt: menschlich zu leben. Sie teilen alles, auch mit Esel und Hund – wenn man vom Wein absieht, dem sie fröhlich zusprechen. Es ist ein eigentümliches Idyll voller Heiterkeit. Infante bekommt von Pietro einige Worte beigebracht, Simone und Pietro philosophieren im Schein der Öllampe, und der ehemalige Kommunist liest seinem Kumpan aus dem »Brief an einen jungen Europäer des 22. Jahrhunderts« vor, den er zu schreiben begonnen hat: »Zu jener Zeit sagte Simone, genannt der Marder, gern: man könnte so gut unter Freunden leben, ohne Polizei.«[95]

Zur Freundschaft geeignet, so will es Silone, sind nur jene, die außerhalb der Gesellschaft stehen – freiwillig wie Simone oder weil sie ausgestoßen worden sind wie die schöne Faustina, der nachgesagt wird, sie habe einen Onkel der Spinas verführt und in den Tod getrieben. Don Severino, der Faustina aufgenommen hat, wird ebenfalls geächtet und verliert sein Amt als Organist.

Als Simone eines Tages Faustina kennenlernt, treffen zwei verwandte Seelen aufeinander. Simone zu Faustina: »Die Verrückten sind wie die Vögel in der Luft und die Lilien im Tal. Keiner zieht sie auf oder pflanzt sie, und dennoch sind sie da.«[96]

Im nächsten Kapitel sehen wir bereits Pietro mit Faustina (die ihn seit Kindertagen liebt) auf dem Weg nach Acquaviva in die Sicherheit. Der Leser würde annehmen, dass diese beiden freien Seelen, die einander lieben, nun auch zueinander finden können, doch ist das nicht der Fall. Von so unerträglichen wie geheimnisvollen Kopfschmerzen geplagt (als Schülerin hat sie darum gebeten, die Dornenkrone Jesu zu spüren), muss Faustina zurückkehren. – Pietro, Infante und Simone leben derweil das einfache Leben mit gleichgesinnten Bauern.

Silone beschreibt auf sehr eindringliche Weise, wie der schöne Traum von der idealen Gemeinsamkeit sich langsam auflöst. Pietros Versuche, dem Freund nicht nur das Sprechen beizubringen, sondern ihn auch auf das Leben in einer größeren Gemeinschaft vorzubereiten, stoßen an eine natürliche Grenze: Infante ist offensichtlich nicht nur taub, sondern auch debil. Seine Selbstständigkeit wäre aber – so stellt es der Autor zumindest dar – die Voraussetzung dafür, dass Pietro ein eigenes Leben mit Faustina führen kann. Daher wird er ungeduldig. Als plötzlich der seit langem in Amerika verschollene Vater Infantes wieder auftaucht und den Sohn für sich beansprucht, scheint sich eine Lösung anzubahnen. Tatsächlich aber ist es die Katastrophe. – Der reine Tor, der bei den Freunden zum ersten Mal seine Würde als Mensch erfahren hat und nicht nur als Arbeitstier missbraucht worden ist, wehrt sich und erschlägt den Vater. Als Pietro das entdeckt, drängt er Infante zur Flucht und gibt bei der Polizei an, selbst den Totschlag begangen zu haben.

Silone stellt dies nicht nur als selbstloses Opfer für den im Geiste armen Freund dar. Pietro übernimmt eine Verantwortung, die er tatsächlich auch hat. Denn ist er es nicht gewesen, der in Infante das Gefühl für den eigenen Wert geweckt und damit den Keim der Revolte gesät hat?

Es ist nicht verwunderlich, dass Camus das Werk Silones so geschätzt hat. Die Gedankengänge sind – sieht man von der christlichen Färbung bei Silone einmal ab – durchaus ähnlich.

Revolte erklärt Camus dem Wortsinne nach als Kehrtwendung: Man fügt sich nicht mehr, sondern bietet die Stirn.

»Im Augenblick, da er den demütigenden Befehl seines Oberen zurückweist, weist der Sklave auch sein Sklavendasein zurück. Die Bewegung der Revolte trägt ihn über den Punkt seiner einfachen Weigerung hinaus ... Diesen Teil seiner selbst, dem er Respekt verschaffen wollte, stellt er nun über den Rest und verkündet laut, ihn allem, selbst dem Leben vorzuziehen ... Das Alles oder Nichts zeigt, dass die Revolte, entgegen der landläufigen Meinung und ungeachtet ihres Ursprungs im Allerindividuellsten des Menschen, den Begriff selbst des Individuums in Frage stellt. Wenn das Individuum tatsächlich im Lauf der Revolte den Tod auf sich nimmt, so zeigt es dadurch, dass es sich opfert zugunsten eines Gutes, von dem es glaubt, dass es über sein eigenes Geschick hinausreicht.«[97]

Selten hat ein Autor so beharrlich wie Silone auf der Notwendigkeit der Revolte zur Erhaltung von Werten, die das menschliche Dasein rechtfertigen, bestanden. – Das einfache, bedürfnislose und der Erde verbundene Leben, wie es in *Der Samen unter dem Schnee* als Alternative angeboten wird, mag nicht jeden überzeugen; auch die Bilder und die Sprache, mit denen es evoziert wird, kommen für das heutige Empfinden zuweilen dem Kitsch nah. Man kann Silone jedoch keinesfalls eine naive Sicht unterstellen. Denn der Roman zeigt auch, wie gefährdet und brüchig dieses Gegenmodell in der Realität ist. Die seelenverwandten Freunde sind immer auch Flüchtlinge, tatsächliche oder solche, die sich in die ›Verrücktheit‹ (deren Lob gesungen wird) oder den Alkohol flüchten, deren Familienleben gestört ist. Selbst die Liebe wird in Frage gestellt, indem insinuiert wird, dass dieses Gefühl die Freiheit bedroht und zur Anpassung verführt. Gefragt, ob er den Gnadenerweis angenommen hätte, wenn er damals schon Faustina begegnet wäre, schleicht sich die Spur eines Zweifels in Pietros Verneinung, – wie ja auch schon Berardo Viola eine negative Bewusstseinsentwicklung durchmachte, als er durch die Liebe zu Elvira plötzlich alles andere vergaß. Erst ihr Opfertod hatte ihm letztlich die Freiheit gegeben, selbst für ein höheres Gut den Tod in Kauf zu nehmen. Dieses Gut war allerdings die Zukunft der Cafoni in Fontamara, also ein im weitesten Sinne politisches Ziel. Pietro Spina hingegen opfert sich für die Freundschaft und die Würde des Menschen, seine Selbstbezichtigung hat den Sinn, Werte zu bekräftigen, denen die Politik nicht gerecht wird.

Terzo fronte und neue Liebe

Diese Überzeugung hindert Silone nicht daran, sich, kaum dass er den Roman abgeschlossen hat, wieder aktiv in die Politik einzumischen. Seine Vorstellungen formuliert er in einem Interview für die amerikanische *Partisan Review*.[98] Darin propagiert er einen dritten Weg zwischen den Blöcken, einen lebendigen Sozialismus, der jenseits der Nationalismen im Namen der Gerechtigkeit wieder handlungsfähig wird. Großen Wert legt er darauf, dass der Kampf gegen die Diktatur im jeweiligen Land selbst aufgenommen werden muss: »Die Freiheit kann nicht als ein Geschenk von fremden Heeren ins Land kommen: Um den Preis der Freiheit zu bezahlen, muss ein Volk tief in die eigene Tasche greifen.«[99]

Das Auslandszentrum – Centro Estero – der Sozialisten war nach dem Einmarsch der Deutschen in Frankreich von Paris nach Toulouse verlagert worden. 1941 übernimmt dann das neugegründete Zentrum der italienischen Sozialisten in Zürich die Koordination der klandestinen Parteiarbeit. Obwohl nicht Mitglied der Partei, wird Silone bedrängt, die Leitung des Centro Estero zu übernehmen. Er lässt sich nicht lange bitten. Unter seiner Ägide wird die Politik des *terzo fronte* konzipiert: Eine dritte antifaschistische Front, die unabhängig von den Kriegsparteien agiert, die Zusammenarbeit mit anderen antifaschistischen Gruppen, etwa den Republikanern, sucht und ein föderales Europa als Nachkriegsziel anvisiert.

Silone wird als Vordenker eines geeinten Nachkriegseuropas und neuer Modelle des Sozialismus geschätzt. In der Wochenzeitung *L'Avvenire dei lavoratori* schreibt er seine gewohnt scharfen Analysen und entwickelt daraus Zukunftsvisionen.

In Silones Privatleben hat sich inzwischen eine entscheidende Wende vollzogen: Der Einundvierzigjährige hat eine junge irische Journalistin kennen und lieben gelernt; er wird sie drei Jahre später heiraten. Die Begegnung der beiden erfolgt unter merkwürdigen Umständen. Darina Laracy, 24 Jahre alt und promovierte Philologin, war als Korrespondentin der *New York Herald Tribune* aus Italien ausgewiesen worden, lebte nach einem Aufenthalt in Bern nun in Zürich und recherchierte für einen Artikel über Italien in der Bibliothek der Museumsgesellschaft. Silone, der ebenfalls in der Bibliothek arbeitete, fiel die blonde junge Frau auf, die so intensiv in den Werken Mussolinis las. Zufällig erfuhr er ihren Namen und siehe da, genau vor dieser Frau war er gewarnt worden: Sie sei vermutlich eine Spionin, vom faschistischen Geheimdienst auf ihn angesetzt.[100] Seine Neugier war geweckt, er schrieb ihr unter einem Vorwand und lud sie zum Tee ein. Darina, die Silones Bücher kannte und schätzte, freute sich, den Autor kennenzulernen. Der ließ sie jedoch, wie Darina Silone sich später erinnerte[101], im Salon der Fleischmanns eine halbe Stunde lang warten und war auch danach wortkarg. Einigermaßen befangen, versuchte sie, mit ihm über seine Bücher ins Gespräch zu kommen – vergeblich. Sie trank ihren Tee aus und verabschiedete sich. Ein nicht gerade romantisches erstes Treffen – bald jedoch muss Silone seine Reserve aufgegeben haben.

Die neue Liebe bedeutet jedoch keineswegs einen Rückzug ins Private. In seinem Vortrag »Die Situation der Ehemaligen«, den er in Zürich vor Exkommunisten hält, arbeitet er noch einmal seine Parteierfahrungen auf und fordert, das Konzept des Sozialismus neu zu durchdenken. Er kommt zu dem zukunftsorientierten Schluss:

»Das Schicksal des Sozialismus oder Kommunismus ist keineswegs an den Marxismus gebunden. Der Sozialismus oder Kommunismus ist eine ständige Hoffnung des menschlichen Geistes, der ein Bedürfnis nach sozialer Gerechtigkeit hat. In seinem Kern ist der Sozialismus eine Ausdehnung der moralischen Kriterien, die im privaten Bereich gültig sind, auf das ganze Gebiet des sozialen Lebens; er erstrebt die Herrschaft des Menschen über die wirtschaftlichen Kräfte, die ihn zu unterdrücken drohen, mit dem Ziel einer weiteren Entwicklung unserer Umwelt zur Menschlichkeit hin.«[102]

In diesem Sinne entwickelt Silone zusammen mit Aldo Morandi (alias Riccardo Formica) im Centro Estero die Politik der Dritten Front. Er arbeitet ein »Manifest für den zivilen Ungehorsam« aus, das in der ersten Nummer von *Il terzo fronte. Organo del Partito socialista italiano* publiziert wird. Entgegen den üblichen Strategien des antifaschistischen Kampfs (Streik, bewaffneter Aufstand etc.) setzt man hier auf individuelle Akte des Widerstands, die in ihrer Summe eine größere Bewegung in Gang bringen könnten. Die stillschweigende Duldung des Regimes soll durch unspektakuläres, aber bewusstes Handeln ersetzt werden. Konkret werden verschiedene Möglichkeiten des Boykotts und der Sabotage vorgeschlagen, für die es nicht einer organisierten politischen Gruppe bedarf. Das Ziel ist, die Verantwortung der Italiener für die Befreiung vom Faschismus zu wecken, getreu Silones Devise, dass die Freiheit kein Geschenk fremder Heere sein kann.

Den Plan, sechshundert Exemplare des Manifests und die Druckklischees für weitere Auflagen nach Italien zu schmuggeln, vereitelt die eidgenössische Polizei.[103] Filippo Crameri, Sozialdemokrat und Angestellter der Bernina Bahn, der als Kurier dient und an eine Hoteladresse die subversiven Sendungen erhält, die er wiederum an einen entfernten Verwandten, einen Stationsvorsteher an der Grenze, weitergibt, wird festgenommen. Im Verhör, das man im Berner Bundesarchiv nachlesen kann[104], streitet er ab, mit den Urhebern der Aktion Kontakt gehabt zu haben. Crameri behauptet vielmehr, die im Postkartenformat gedruckten Exemplare des Manifests als gefährlich erkannt und eigenhändig verbrannt zu haben. Unter Crameris Notizen findet sich jedoch die Adresse Germaniastr. 53. Dort wohnt Silone bei seinem Gönner Fleischmann.

Verhaftung und Arrest

Im Dezember 42 werden Silone und Formica wegen kommunistischer und anarchistischer Aktivitäten verhaftet. Das Archiv des Centro Estero wird beschlagnahmt. Heute kann man es ebenfalls im Schweizer Bundesarchiv einsehen. Geradezu anrührend wirkt dieser Packen von Schriften und kleinen Zetteln, der einen Einblick in die mühevolle Untergrundarbeit zur Koordinierung einer verfolgten Partei gewährt: eine kleine durchgepauste Karte von Italien, eingeteilt in die (Partei-)Sektionen und wahrscheinlich von Silones Hand beschriftet; daneben die Liste der zuständigen Genossen und Kontaktpersonen; Anweisungen zur Chiffrierung von Texten; verschlüsselte Nachrichten; Entwürfe von Aufrufen und Artikeln; Exemplare der ersten Nummer von *Terzo fronte*, Adressen, Abrechnungen usw. usw. Der in kommunistischer Untergrundarbeit erfahrene Silone sprach später vom »cretinismo archivistico«, von der schwachsinnigen Archiviersucht seiner Mitarbeiter, die Genossen in Gefahr gebracht habe, und er flehte die Bundesanwaltschaft in Bern an, die aus dem Archiv gewonnenen Informationen diskret zu behandeln. Mit dieser Beschwörung beendet er sein »Memoriale« an die Bundesanwaltschaft. Er liefert darin eine Analyse der aktuellen politischen Lage in Italien, gibt Rechenschaft über seine politische Entwicklung, weist den Vorwurf kommunistischer und anarchistischer Umtriebe zurück und legt ein glühendes Bekenntnis zu Freiheit und Demokratie ab. Sein Anliegen sei es gerade gewesen, die demokratischen Strömungen zu fördern und damit einer Bolschewisierung im Nachkriegsitalien vorzubeugen.

Die Schrift sollte der Abwendung eines Prozesses dienen (manch ungewöhnlich pathetisch anmutende Formulierung ist wohl auch damit zu erklären), doch es kam zu einem Verfahren, in dem die Ausweisung von Silone und Formica wegen der für Flüchtlinge verbotenen politischen Aktivität angeordnet wurde. Nur eine Geste an die faschistischen Nachbarn? Denn aufgrund des Kriegszustands war eine Ausweisung de facto nicht durchzusetzen, so dass man eine Haftstrafe verfügte, diese wiederum wurde wegen Silones schlechter Gesundheit (und wohl auch wegen seiner Bekanntheit als Schriftsteller) in eine Art Hausarrest umgewandelt, zuerst in der Pension Strela in Davos, wo er sich schon einmal auskuriert hatte, dann in einem Sanatorium in Baden, Kanton Aargau.

Sein Versprechen vollkommener politischer Abstinenz hält Silone jedoch nicht. Zu wichtig ist ihm, dass beim bevorstehenden politischen Umbruch die Weichen richtig gestellt werden. Schreibend, debattierend, sogar ab und zu aus seinem Arrest ausbrechend, mischt er sich ein. Die Schweizer Polizei, bei der er sich mehrmals wöchentlich melden muss, beobachtet ihn, registriert seine Besuche, überwacht seine Post und seine Telefongespräche und verfaßt regelmäßig Berichte mit politisch belanglosen Meldungen wie: »Die M. (Gabriella Seidenfeld verh. Meier[105]) sagt, sie komme abends nach Davos auf Besuch, um mit ihm alles mündlich zu besprechen.« Und der Beamte kommentiert: »Scheinbar möchte die Meier Gabriella, langjährige Freundin des Tranquilli, diesen zur Heirat veranlassen. Die Meier soll Jüdin sein.«[106] Oder es wird nachgefragt, was es mit Darina Laracy auf sich habe, die während des Aufenthalts in Arosa auch schon bei Tranquilli gewesen sei. – Neben den registrierten Besuchen, darunter auch immer wieder Emmie und Emil Oprecht, die sich um ihren Autor und Freund kümmern, hatte Silone aber auch andere Kontakte, die offensichtlich der Schweizer Polizei entgangen sind.

Die Geheimdienst-Connection

Aus den Unterlagen des Centro Estero geht hervor, dass Silone und seine Mitstreiter zur Finanzierung der Sozialistischen Partei Hilfe von der Schweizer Gewerkschaft, der Sozialistischen Partei Schwedens, der britischen Labour Party sowie der American Labour Federation erbeten hatten. Die Amerikaner sollten sich dabei langfristig als besonders verläßlich und spendabel zeigen. Die Kontakte liefen über das von Allen Dulles geleitete Berner Büro des OSS (Office of Strategic Services), des amerikanischen Geheimdienstes im Krieg, aus dem später die CIA hervorging. Den OSS-Akten in Washington ist zu entnehmen, wie Silone – unter der Nummer 475 geführt und mit den Decknamen Len, Man of the Mountains, Behr, Gabriele oder einfach »S« bezeichnet – seine Fäden knüpfte.

Bereits am 9. Januar 1942 hatte Agent Gerald M. Mayer seinem Chef Dulles »streng vertraulich« gemeldet, Silone bitte darum, dass Luigi Antonini, ein bekannter Gewerkschaftsführer aus New York, ihm $ 500 (Fr. 2.000) monatlich zur Verfügung stellen möge. Silone habe betont, dass seine Partei keinesfalls Gelder annehmen werde, die nicht von den Sozialisten oder von einer Gewerkschaft kämen – »to keep the record clean«.[107] Es geht aber nicht nur um Geld, auch wenn Silone wiederholt um geringfügige Beträge für gezielte Aktionen bittet. Silone nützt den OSS-Kanal auch zur internationalen Koordination sozialistischer Arbeit. Er hält Kontakt zu dem Sozialisten Dr. Lussato in London sowie zu Luigi Antonini und

Vanni Montana (einem italienischen Sozialistenführer) in den USA, mit denen er regelmäßig Informationen austauscht.

Das Bild des melancholischen, von Krankheiten gezeichneten Dichters im Schweizer Exil, dessen politisches Engagement sich weitgehend auf die Diskussionen im Freundeskreis und auf das Verfassen von Artikeln und Aufrufen beschränkte, muss korrigiert werden. Über seine OSS-Verbindungen entwickelt Silone eine geradezu fieberhafte Aktivität, um die Ziele des Terzo fronte auch über die Amerikaner zu verwirklichen.

Im Juli 1943, nach der Invasion der Alliierten in Sizilien, versucht Silone seinen Einfluss geltend zu machen. Der faschistische Großrat hatte Mussolini die Gefolgschaft verweigert, worauf der König den Diktator verhaften ließ und Marschall Badoglio an die Spitze der Regierung berief. Badoglio schloß zunächst einen Waffenstillstand mit den Alliierten, um später auf deren Seite überzuwechseln. In dieser Situation drängt Silone darauf, dass die Alliierten in den von ihnen besetzten Gebieten die politische Betätigung von Sozialisten und Gewerkschaftern zulassen, um die italienische Bevölkerung am Wiederaufbau eines demokratischen Italiens zu beteiligen. Er schreibt an Dulles, bei der geforderten bedingungslosen Kapitulation müsse zwischen den Faschisten und dem italienischen Volk unterschieden werden. Er fordert, keine Pakte mit der Monarchie zu schließen und der Bildung einer demokratischen Republik nichts in den Weg zu legen.

Es geht auch um praktische Hilfeleistungen: Silone benötigt falsche Ausweise und bittet um Unterstützung bei der Einschleusung von Sozialisten nach Italien. Sogar automatische Waffen fordert er für die linke Heimatfront.

Sein Hauptanliegen bleibt aber die Strategie des Zivilen Ungehorsams. Er versucht sie über die britischen und amerikanischen Militärsender in Italien durchzusetzen. Zugleich gibt er Ratschläge, wie diese Sendungen attraktiver für die italienischen Hörer gestaltet werden könnten.

Es handelt sich um einen Austausch, der beiden Seiten nützt. Die Informationen, die Silone aufgrund des geheimen Nachrichtennetzes der Sozialisten dem amerikanischen Handelsattaché in Zürich Loofbourow (einer von Dulles' wichtigsten Agenten) liefern kann, werden für die Amerikaner nicht unwichtig gewesen sein. Silone berichtet über Partisanenkämpfe, über die Mobilisierung der Arbeiter in den Fabriken, über die Stimmung in der Bevölkerung sowie über die Stärke der Untergrundparteien und deren ideologische Divergenzen.

Wie soll man Silones Informationstätigkeit bewerten? Im Vordergrund stand für ihn das mit den Alliierten geteilte Anliegen, den Faschismus zu besiegen und die Voraussetzungen für eine freie italienische Republik zu schaffen. Damit endeten aber schon die Gemeinsamkeiten. Denn es darf bezweifelt werden, dass den Amerikanern an einer sozialistischen Entwicklung gelegen war. Auch Silone kann das nicht geglaubt haben. So ließ er sich auf dieses Spiel ein, in der Hoffnung, die Amerikaner für die eigenen Ziele benutzen zu können, was ihm nur punktuell möglich war. Bald setzten die US-Behörden auf ihnen gemäßere Partner – die italienischen Christdemokraten.

Rückkehr nach Italien

Der Plan, unter Badoglio wieder nach Italien zurückzukehren, zerschlug sich. Nach wie vor lag ein Haftbefehl gegen Silone vor. Trotz der Besetzung Italiens durch die Deutschen, der Befreiung Mussolinis und dessen Gründung der Republik von Salò ist Silone und den anderen Exilierten (darunter viele neue Flüchtlinge) klar, dass das Ende des Spuks naht. Im Norden Italiens kämpfen nun verstärkt Partisanen gegen Deutsche und Faschisten, die vor den Alliierten und den Truppen Badoglios zurückweichen.

Silone gelingt es trotz seines Zwangsaufenthaltes in Baden, die Zeitung *L'avvenire dei Lavoratori* neu herauszubringen (das Blatt erscheint jetzt vierzehntägig). Sein ausdrückliches Ziel ist es, nicht wie üblich Agitation und Propaganda plus Unterhaltung zu bringen, sondern stattdessen Analysen und theoretische Entwürfe für die postfaschistische Zeit. Silone leitet die Redaktion, gewinnt Mitarbeiter, schreibt die meisten Artikel. Wichtig ist ihm das Verhältnis der Sozialisten zu den sogenannten Massen, die er in der Partei aus dem Status der Anonymität befreien will. Er wettert gegen die Praxis, nur bekannte Genossen an die Spitze zu stellen, gegen die Berufspolitiker, gegen eingefahrene hierarchische Strukturen.[108] Er macht sich Gedanken über Freiheit und Disziplin, über die Menschenrechte innerhalb einer Partei und besteht darauf, dass Kritik niemals als Verrat angesehen werden darf, da nur sie die Kreativität und das Niveau der Parteiarbeit verbessern kann.[109] In einer sprach- und ideologiekritischen Kolumne analysiert er auf witzige Weise den Bedeutungsverfall einzelner Begriffe.

Neben der journalistischen Arbeit schreibt er das Drama *Ed egli si nascose – Und er verbarg sich –*, eine dramatische Bearbeitung von *Brot und Wein*. Sie geht auf eine Anregung seines Verlegers Oprecht zurück, der im Vorstand des Schauspielhauses Zürich war. Natürlich musste die Geschichte für die Bühne wesentlich gekürzt werden. Interessant ist jedoch, wie der Autor dabei die Akzente verschiebt, obwohl die Dialoge teilweise wortwörtlich aus dem Roman übernommen sind. Im Zentrum steht nun die Geschichte von Luigi Muricas Verrat, seinem Leidensweg und Opfertod, wobei das christlich Gleichnishafte noch durch die szenische Aufbereitung betont wird. Das Ende aber ist hoffungsvoller. Pietro Spina hat mit seinem politischen Anliegen, das allerdings weniger im Zeichen der Kaderpolitik als in dem der Brüderlichkeit steht, mehr Erfolg als im Roman: Die Männer, die ihm am Anfang die Gefolgschaft verweigern, sind am Ende bereit, gemeinsam Widerstand zu leisten. Anders als in *Der Samen unter dem Schnee* ist die Zuversicht hier wieder in konkretem gesellschaftlichen Handeln begründet. Zwar prangert Uliva nach wie vor die Degeneration revolutionärer Politik an, doch lässt die Entwicklung der Handlung diese nicht mehr als zwangsläufig erscheinen. – Das hätte sich wohl auch kaum mit Silones damaligem Engagement für die sozialistische Partei vertragen. Die Uraufführung des Stücks findet im Mai 1945 im Zürcher Schauspielhaus durch das Berliner Ensemble statt, gleichzeitig erscheint *Und er verbarg sich* bei Oprecht in der Schriftenreihe des Schauspielhauses. Die italienische Fassung war bereits 1944 in der Ghilda del Libro erschienen. Erst nun, bei Silones sechster Buchveröffentlichung, wird also das italienische Original zuerst gedruckt.

Im Juni 44 hatten die Alliierten Rom eingenommen. Der ehemalige sozialistische Ministerpräsident Ivanoe Bonomi bildete eine neue Regierung, die sich auf die zum Comitato Nazionale di Liberazione zusammengeschlossenen Untergrundparteien stützte. Im Oktober 44, Monate bevor die Deutschen in Italien kapitulieren und die Republik von Salò aufgelöst wird, kehrt Silone mit Hilfe der Alliierten in sein Land zurück.

Es muss ein bewegender Augenblick gewesen sein. Ein italienischer Gewerkschafter im Dienst der US-Army flog Silone, Darina Laracy, Vera und Guiseppe Modigliani (ehemaliger italienischer Parlamentarier und Bruder des Malers) in einem kleinen amerikanischen Militärflugzeug nach Neapel. Dort küssten die beiden Männer (lang bevor ein Papst diese Geste zum mediengerechten Ritual machte) zuerst die heimatliche Erde und dann ihre Gefährtinnen.

III. Außenseiter in der Heimat

Kampf für die Unabhängigkeit der Sozialisten

Er war also endlich angekommen, und es gab viel zu tun. Ignazio Silone wird in die Führung der Partito socialista di unitá proletaria (PSIUP) berufen, eine Partei, die, mit Nenni, Pertini, Saragat u. a. an der Spitze, 1943 aus der Fusion der Sozialisten mit dem Movimento di unitá proletaria entstanden war. In der Linken hatte sich die Ansicht durchgesetzt, dass die politische Katastrophe der letzten beiden Jahrzehnte vor allem eine Folge der Spaltungen innerhalb der Arbeiterbewegung war. Einen derartigen Fehler wollte man in der Zukunft um jeden Preis vermeiden. Diese Meinung teilte im Prinzip auch Silone, nur war er strikt dagegen, dass die von Moskau abhängigen Kommunisten in die angestrebte linke Gesamtpartei aufgenommen würden. Er befürchtete, dass sich die ihm sattsam bekannten Mechanismen kommunistischer Politik dort durchsetzen könnten und damit der freiheitliche Geist des Neuanfangs erstickt würde.

Eine Einheitsliste der beiden Parteien für die bevorstehenden Wahlen lehnt er ab. Er verweigert sich auch einer kommunistisch inspirierten »Allianz demokratischer Schriftsteller«, was auf Unverständnis in den intellektuellen Kreisen stößt und vielleicht der Beginn jener misstrauischen Ablehnung ist, die ihm später aus den Feuilletons entgegenschlägt.

Im Juli 1945 stimmt die Partei über die Linie ab. 76 % sind für eine mit den Kommunisten abgestimmte Politik mit dem Ziel einer einzigen Partei der Arbeiterklasse, nur 24 % dagegen. So vertritt nun Silone zusammen mit Saragat diese Minorität in der Führung. Silones Einsatz gegen eine Fusion macht sich bemerkbar; ein Jahr später hat sich das Kräfteverhältnis verändert und selbst Nenni, Präsident der Partei und seit jeher

Vertreter eines Zusammengehens mit den Kommunisten, sieht die Fusion nicht mehr auf der Tagesordnung.

Inzwischen hat man Silone die Leitung des *Avanti!* übertragen, eine Arbeit, in die er sich mit großem Engagement stürzt. Er schreibt u. a. über die Perspektiven des italienischen Sozialismus, rückt den europäischen Gedanken wieder in den Vordergrund, fordert die Überwindung des Antifaschismus (nun gehe es darum, die Probleme des Postfaschismus zu bewältigen, und dazu seien alle Italiener aufgerufen[110]), macht sich Gedanken über die amerikanische Finanzhilfe und über die Verfassunggebende Versammlung.

Diese wird im Juni gewählt. Die PSIUP erhält gut 20% der Stimmen, die Kommunisten 19%. Silone wird Abgeordneter für die Region Abruzzen. Gleichzeitig findet das Referendum über die Staatsform statt, und endlich verwirklicht sich der Traum so vieler Emigranten: eine demokratische italienische Republik. Silone schreibt einen Leitartikel im *Avanti!*, in dessen Pathos seine Freude und innere Bewegtheit mitschwingt. Am 2. Juni 1946 sammelt sich vor dem Vilminale in Rom eine begeisterte Menschenmenge, als zum ersten Mal die Fahne der Republik gehisst wird.

Die Parlamentsarbeit aber ernüchtert Silone. Er stellt fest, dass er selbst bei fleissigster Arbeit nicht in der Lage ist, auch nur einen Bruchteil all der Gesetzesvorlagen zu studieren und kompetent zu beurteilen, über die er abstimmen soll. Und er beobachtet, wie schnell sich die Praxis durchsetzt, nur nach der jeweiligen Parteiempfehlung zu votieren. Es wächst seine Skepsis gegenüber einer solchen Art von Parlamentarismus, der nicht mit Formen direkterer Demokratie verbunden ist. Es wächst auch seine Kritik an der Institution der Massenpartei, eine Kritik, die er im *Avanti!* formuliert, bevor er im Sommer als Chefredakteur des Blattes zurücktritt.

Im Oktober schließt die PSIUP einen Pakt zur Aktionseinheit mit den Kommunisten. Paritätisch besetzte Gremien auf regionaler und kommunaler Ebene sollen eine gemeinsame Politik der Linken durchsetzen. Bald zeigt sich hier der organisatorische Vorsprung der Kommunisten, die trotz des nummerischen Gleichgewichts Konstellationen schaffen, in denen sie ihre Positionen durchsetzen können – ein Grund für die immer schärferen Auseinandersetzungen innerhalb der Sozialistischen Partei.

Für Januar wird zur Klärung ein Parteikongress einberufen. Die gegnerischen Lager stehen fest, und eine Spaltung liegt in der Luft. Im Vorfeld versuchen Sandro Pertini und Silone zu vermitteln. Vergeblich. Unter Führung von Saragat entsteht die Partito socialista dei lavoratori italiani (PSLI). Diese neue Partei vertritt zwar teilweise auch Silones Positionen, dennoch kann er sich ihr nicht anschließen, zu sehr verübelt er Saragat den Willen zur Spaltung, die er als historischen Fehler ansieht. Aber bei den Sozialisten (nun wieder PSI), die er als leichte Beute kommunistischer Machtambitionen sieht, will er auch nicht bleiben. Er tritt aus der Partei aus – allerdings mit dem Ehrgeiz, die sozialistische Bewegung auf einer neuen Basis wieder zu einen.

Silones Organ ist *Europa socialista*, eine vierzehntägig erscheinende Zeitschrift, die er seit einem Jahr herausgibt und nun in ein Wochenblatt verwandelt. Er übt scharfe Kritik an beiden Richtungen: Die eine versuche eine östliche Politik in einem westlichen Land zu propagieren, die andere müsse sich vor dem Verdacht des reinen Antikommunismus hüten und erst beweisen, dass sie selbst unabhängig von den Siegermächten und den Bürgerlichen im eigenen Lande sei. Er lädt alle Freunde aus den linken Parteien dazu ein, sich an einer Debatte über die Neuorganisation des italienischen Sozialismus zu beteiligen.[111]

Die Debatte findet ein großes Echo, und die Arbeit an diesen Themen und an der Zeitschrift ist Silone so wichtig, dass er das Angebot, Botschafter in Paris zu werden, ablehnt.

Einen anderen Posten, der ihm internationale Aufmerksamkeit garantiert, ihn aber zeitlich weniger beansprucht, nimmt er an. Silone wird Präsident des italienischen PEN-Club und hält in dieser Funktion im Juni 1947 beim Kongress des internationalen PEN in Basel eine Rede über »Die Würde der Intelligenz und die Unwürde der Intellektuellen«. Darin setzt er sich mit dem Verhältnis der Intellektuellen zur Macht und mit ihrem historischen Versagen auseinander. Seine Forderung: weder Berührungsangst noch bloße Kollisionslust soll das Verhältnis prägen, sondern vielmehr der unerschrockene Einsatz für die Wahrheit.[112]

Das Thema, das ihn nicht loslässt, ist Europa. Die europäische Einheit unter sozialistischem Vorzeichen sieht Silone als einzige erstrebenswerte Zukunft. Den Hintergrund für diese Überzeugung bilden die Erfahrung der nationalistischen Kriege, die partikulare kapitalistische Interessen bedienten, und die Befürchtung, in eine zunehmende Abhängigkeit von den imperialistischen Mächten zu geraten. Silone beschwört dabei nicht nur eine idealistische Utopie, sondern macht sich auch konkret Gedanken über die Anpassung der nationalen Ökonomien.

Es ist ein Sozialismus des Dritten Weges, der logisch aus der Politik der Dritten Front gegen den Faschismus hervorgeht. Doch die Nenni-Sozialisten bestreiten die Möglichkeit eines solchen Weges. Unter dem Eindruck ihres schwindenden Einflusses nach der Spaltung gehen sie für die Parlamentswahlen 1948 ein Volksfrontbündnis mit den Kommunisten ein, dem sich auch ein Teil der kleinen linken Parteien anschließt, die Silone für sein Konzept hatte gewinnen wollen. Die Einheitsliste dokumentiert den Verlust der Unabhängigkeit des PSI.

Die Stimmung in ganz Italien ist angeheizt. Die Democrazia cristiana, bislang stärkste Partei, wirft sich mit ganzer Kraft in die ›Entscheidungsschlacht gegen den Kommunismus‹ und wird dabei vom Vatikan tatkräftig unterstützt. Pius XII. persönlich greift in den Wahlkampf ein und gibt bei seiner Osteransprache die Parole »Für Christus oder gegen Christus« aus. Franca Magnani hat die Stimmung jener Tage in Rom beschrieben:

»›Gott sieht Dich, Stalin nicht‹, lautete der bekannte Wahlslogan, mit dem die Christdemokraten darauf hinwiesen, dass man in der Wahlkabine nur auf sich gestellt sei ... Die Fassaden der römischen Häuser waren von einigen hunderttausend Wahlplakaten bedeckt. Sie zeigten vor allem das Bild Garibaldis, das Symbol der Volksfront, sowie das Zeichen der Christdemokraten – den gekreuzten Langschild. Hunderte von Autos, auf denen Lautsprecher angebracht waren, krächzten von morgens bis abends Wahlslogans. Die täglichen Wahlkundgebungen auf den Plätzen Roms waren überfüllt. – Auf einigen Plätzen wie der Piazza Colonna oder der Piazza Esedra bildeten sich Gruppen, die bis in die Nacht hinein diskutierten, ob man ›diesseits oder jenseits des Eisernen Vorhangs‹ leben wolle, wie die Christdemokraten es ausdrückten, oder ob man ›für den Frieden oder für den Krieg‹ sei, wie die Volksfront frug.«[113]

Die zur historischen Entscheidung hochstilisierte Wahl fiel dann tatsächlich als eine solche aus (und die CIA hatte im Vorfeld ›mäzenatisch‹ dazu beigetragen). Die Volksfront erlitt eine schwere Niederlage, und die Christdemokraten bauten ihre Spitzenposition aus, in der sie über Jahrzehnte die Geschicke Italiens lenken sollten. Eine Epoche der Restauration setzte ein, die nicht viel mit dem Nachkriegstraum eines radikalen Neubeginns zu tun hatte.

Silone, zunehmend ernüchtert, gibt jedoch noch nicht auf. Aus der Gruppe um *Europa socialista* entsteht die Unione dei socialisti, die sich im Dezember 1949 gemeinsam mit Unzufriedenen der PSI und dem linken Flügel der PSLI in Florenz als Partito socialista unitario (PSU) konstituiert. Die PSU wird von der Comisco, der Vorgängerorganisation der sozialistischen Internationalen, als Vertreterin der italienischen Sozialisten akzeptiert, die PSI dagegen wegen fehlender Unabhängigkeit ausgeschlossen. Silone ist Sekretär der neuen

Partei, die, mit großen Hoffnungen gegründet, nicht lange überleben wird. Im Oktober 1950 entscheidet sie über die Gretchenfrage der Unabhängigkeit von den Blöcken dahingehend, dass sie dem Beitritt Italiens zur NATO zustimmt. Silone tritt als Sekretär zurück, um den Weg für eine ideologisch nun naheliegende Vereinigung mit Saragats PSLI freizumachen. Er kündigt seinen vollständigen Rückzug aus der Politik an.

Kultur und Kalter Krieg

Ignazio Silones Situation ist vergleichbar mit der zwanzig Jahre zuvor, als er enttäuscht und angewidert von der Politik sich auf das Schreiben geworfen hatte. Auch jetzt gibt er an, sich nur noch der Literatur widmen zu wollen.

Im Januar 1950 erscheint in London *The God that failed* (*Der Gott, der keiner war*), ein Sammelband über Erfahrungen mit dem Kommunismus mit Beiträgen u. a. von Arthur Koestler, André Gide und Ignazio Silone, der hier in »Notausgang« die Gründe für seine Loslösung von den Kommunisten aufarbeitet – ein Kernstück des späteren gleichnamigen literarischen Essaybands.

Im Vorfeld hatte ein Treffen mit Koestler in Rom stattgefunden, das für letzteren außerordentlich befremdlich verlief. »Nachdem er (Silone) ein paar melancholische Begrüßungsworte an uns gerichtet hatte, vertiefte er sich für die gesamte Dauer des Essens in die Lektüre einer Zeitung.«[114] R. B. Lewis, der eine der ersten biografischen Studien zu Silone in Amerika publizierte, ist dieser Episode nachgegangen: Silone hatte sich seiner Zeitung gewidmet, nachdem er erfahren hatte, dass der riesige, schweigsame Mann, der Koestler begleitete, ein Leibwächter war. Hatte er schon sowieso Schwierigkeiten mit Koestlers rechter antikommunistischer Position (und dessen erst spät erfolgter Abkehr vom Stalinismus), nahm ihm die Anwesenheit dieses Adlaten alle Lust zur Kommunikation.[115]

Der Kalte Krieg war ausgebrochen, und in diesem Kontext ist auch ein Buch wie *Der Gott, der keiner war* zu sehen. Vor der Publikation hatte es – was Silone kaum gewusst haben dürfte – eine Konsultationsphase gegeben. Arthur Koestler, schon in England für die Propaganda-Offensive des Foreign Office in den besiegten Ländern als Berater eingesetzt, hatte bei einer Amerika-Tour dann Gelegenheit gehabt, mit William Donovan, einem hohem Beamten der frisch gegründeten CIA, über die effektivsten Möglichkeiten, sowjetische Propaganda zu konterkarieren, zu plaudern. Der CIA leuchtete die Taktik, Kommunisten mit Ex-Kommunisten zu bekämpfen, sogleich ein. Herausgeber des Bandes wurde Richard Crossman, der in der psychologischen Kriegsführung Meriten erworben hatte und ebenfalls geheimdienstliche Kontakte pflegte. Crossman setzte sich mit Melvin Lasky in Verbindung, dem Herausgeber von *Der Monat* in Berlin. Lasky, überzeugter Antikommunist und Kalter Krieger der ersten Stunde (sein provokanter Auftritt vor dem Schriftstellerverband in Ostberlin 1947 hatte ihm diesen Ruf eingebracht) konnte auf die Unterstützung von General Lucius Clay bauen und kam mit seiner Zeitschrift in den Genuss finanzieller Zuwendungen aus Geheimfonds des Marshall Plans, über die die CIA verfügte.

Melvin Lasky publizierte die einzelnen Beiträge zunächst nacheinander in seiner Zeitschrift, und dann erst erschien in London der Sammelband. Frances Stonor Saunders fasst in ihrer Untersuchung über die CIA und den Kalten Krieg zusammen: »*The God that failed* war ebensosehr ein Produkt des Geheimdienstes wie ein Werk der (ehemalig kommunistischen) Intelligentsia.«[116]

Das wurde in Italien auch so verstanden, selbst wenn dort die Zusammenhänge nur vermutet werden konnten. Togliatti, der ja in Silones Geschichte keine nebensächliche Rolle spielt, meldete sich in seinem »Beitrag zur Psychologie eines Renegaten«[117] zu Wort und stellte – wie zu erwarten – die von Silone geschilderten Ereignisse ganz anders und den Autor als eine verächtliche Figur dar.

Es ist die Zeit, in der sich die politische Auseinandersetzung – bei der die Linke nicht nur in Italien inzwischen der Verlierer war – auf die kulturelle Ebene verlagert. Die mit dem Kommunismus sympathisierenden Intellektuellen treffen sich bei den Kongressen der Partisanen für den Frieden (1949 in Polen, 1950 in Paris). Die Gegenseite reagiert mit der Einberufung des Kongresses für kulturelle Freiheit nach Berlin, den Melvin Lasky unter der Schirmherrschaft von Bürgermeister Ernst Reuter vorbereitet. Michael Josselson, der zuständige CIA-Mann für die Kultur in Deutschland, bekommt einen Etat von 50.000 Dollar für dieses Projekt bewilligt.[118] Zum Organisationskomitee, das den unmittelbaren Ablauf des Kongresses bestimmt, gehören neben Koestler und Silone auch Lasky, Irving Brown (offizieller Vertreter der amerikanischen Gewerkschaften für Europa und nebenbei der Mann, der damals die Gelder der CIA wusch; er übergab sie als solidarischen Beitrag amerikanischer Arbeiter) und James Burnham, Ex-Trotzkist und Philosophiedozent aus New York, der später eine dunkle Rolle beim Sturz von Mossadegh in Persien spielen sollte. Bei einer abendlichen Runde dieser Gruppe soll Silone erzählt haben, er habe in seiner Widerstandsgruppe jeden abgewiesen, der sich als Agent der Briten oder Amerikaner herausstellte, da er »ma guerre à moi« mit einem reinen Gewissen habe führen wollen.[119] Ein eigenartiges Auditorium für ein solches Bekenntnis – hatte Silone einen Verdacht und wollte sich abgrenzen?

Am 26. Juni, als der Kongress unter der Ägide so berühmter Persönlichkeiten wie Bertrand Russell, Karl Jaspers, Benedetto Croce und John Dewey eröffnet wird, kommt die Nachricht, dass nordkoreanische Truppen die Grenze zu Südkorea überschritten haben – der Auftakt zum Koreakrieg. Eine Nachricht, die die Versammelten nur in ihrem Kampf gegen die kommunistische Gefahr bestätigen kann.[120]

Silone hält eine Rede, in der er einmal mehr jeden Totalitarismus verdammt, die Pluralität der Stimmen im Dienste für Demokratie und Freiheit beschwört und darauf hinweist, dass es auch in westlichen Ländern nicht immer ideal um die Freiheit der Kunst bestellt sei.

Es gab auf dem Kongress aber auch ganz andere Reden, deren eifernder Fanatismus manchen befremdete. Etwa die von James Burnham, der in Berlin nun die Unterscheidung zwischen guten und bösen Atombomben machte – nämlich den amerikanischen, die den Frieden erhielten, und den russischen, die die westlichen Kulturhauptstädte zerstören sollten.

Der Kongress für kulturelle Freiheit endet mit der Absichtserklärung, daraus eine permanente Einrichtung zu machen. Im November 1950 fand zu diesem Zweck eine Beratungskonferenz in Brüssel statt, an der auch Silone teilnahm (die Bundesrepublik wurde durch Carlo Schmid und Eugen Kogon vertreten). Geplant waren Sektionen in ganz Westeuropa und ein Koordinationszentrum in Paris, das dann der CIA-Agent Michael Josselson leitete.

Die Finanzierung durch die CIA wurde durch die Zwischenschaltung verschiedener amerikanischer Stiftungen, deren bedeutendste die Ford Foundation war, verschleiert. Dem amerikanischen Geheimdienst war die Förderung der NCL (Non Communist Left) über die Jahre Millionen von Dollar wert. Der Kongress für kulturelle Freiheit galt als wichtige Waffe im ideologischen Krieg. Es ging darum, in Europa das Image Amerikas als kulturlose Nation zu widerlegen und die im weitesten Sinne antikommunistischen Intellektuellen zu organisieren und prowestlich zu binden. Dafür nahmen die Geldgeber gerne in Kauf, dass die Geister, die sich unter der

Fahne der Freiheit sammelten, zuweilen Positionen vertraten, die in den USA verfolgt worden wären. Während dort für Senator McCarthy jeder liberale Künstler unter dem Verdacht stand, ein prokommunistischer Propagandist zu sein, sicherte die CIA im Ausland sozialistischen oder linksliberalen Intellektuellen und avantgardistischen Künstlern (sofern sie nicht ›philosowjetisch‹ oder ›neutralistisch‹ waren) einen zuweilen kommoden Freiraum für ihre Arbeit durch Publikationsmöglichkeiten, Druckkostenzuschüsse[121], Ausstellungen, Konferenzen, Reisestipendien oder Preise und leistete damit tatsächlich einen Beitrag zur Nachkriegskultur.

Silone wie auch den meisten anderen Freiheits-Aktivisten war ihre materielle Abhängigkeit vom amerikanischen Geheimdienst wohl kaum bekannt. Haben sie die Unterstützung ihrer Arbeit, die schon bald die Gründung von Zeitschriften quer durch Europa, in Afrika, Indien und Lateinamerika möglich machte, als rein altruistischen Akt amerikanischer Kulturmäzene betrachtet? Im Nachhinein kann man eine erstaunliche Portion von Naivität konstatieren – oder auf einen beträchtlichen Grad an Paranoia schließen, die angesichts der überall gewitterten kommunistischen Gefahr jede andere Frage verstummen ließ.

Jedenfalls geht Ignazio Silone wieder einmal mit großem Einsatz ans Werk, verfolgt dabei nach wie vor und unbeirrt seine schon oftmals formulierten Ziele. Die italienische Sektion nimmt 1951 ihre Arbeit mit einem Manifest auf, das etwa siebzig namhafte italienische Intellektuelle, darunter Norberto Bobbio, Eugenio Montale, Gaetano Salvemini und Elio Vittorini (der sich gerade erst von den Kommunisten gelöst hatte) unterschreiben. Es werden Veranstaltungen und Debatten organisiert, lokale Zirkel ins Leben gerufen und unter Silones Ägide wird ein Bulletin – *Libertá della cultura* – herausgegeben, das 20 Jahre lang über die verschiedenen Aktivitäten und Pläne informieren sollte.

Die sozialistische und kommunistische Presse nimmt die Gründung des Kongresses für kulturelle Freiheit als Kampfansage auf und reagiert dementsprechend. Silone sieht sich Angriffen und Verleumdungen ausgesetzt. Es wird auch die Frage aufgeworfen, warum eine solche, der Pluralität der Meinungen verschriebene Organisation, nicht auch Sozialisten und Kommunisten aufnehme, ohne die von Pluralität ja nicht die Rede sein könne. Die Antwort ist klar: Wer die Parteiräson vor Freiheit und Wahrheit setze, habe in dieser Vereinigung nichts zu suchen.

Für die römische Organisation fließen die amerikanischen Gelder allerdings keineswegs so reichlich wie anderswo. Vermutlich galt der Querkopf Silone, der sich immer noch als Sozialist verstand, doch als etwas unsicherer Kantonist (dafür spricht auch, dass er lange kein Visum für die USA bekam). Die Zentrale in Paris ist jedenfalls nicht immer zufrieden. Der Komponist Nicolas Nabokov, Josselsons rechte Hand als Manager des Kulturkrieges, beklagt »die Siloneske Lethargie auf unserem italienischen Außenposten«.[122] Wahrscheinlich war es eher die Richtung, die Nabokov missfiel. So beklagte er auch Silones »feindselige« und »arrogante« Haltung den kirchlichen Institutionen gegenüber (die als Bündnispartner im ideologischen Kampf hofiert wurden). Silone scheint sich von solcherlei Kritik nicht anfechten zu lassen und macht seine Arbeit weiter so, wie er es für richtig hält. Neben dem Bulletin gibt er jetzt auch noch eine kleine Schriftenreihe heraus, in der Einzelbeiträge von Autoren aus ganz Europa zu politischen und sozialen Themen erscheinen – mit vorwiegend linksliberalem Ansatz. Zudem bemüht sich Silone auf mehreren Ebenen um die Leseförderung und gründet eine Kommission zur Wahl des Buchs des Monats.

Aber was ist aus dem Schriftsteller Silone, aus seinen Büchern geworden?

Rezeption in Italien

Silones Romane sind in seiner Heimat immer noch weitgehend unbekannt. Zwar waren 1945 *Der Samen unter dem Schnee* und 1947 *Fontamara* in kleiner Auflage bei Faro erschienen, doch die Kritik hatte sie kaum wahrgenommen. Silone hatte vor allem politisch von sich reden gemacht und seine Bücher, die zudem noch ›alt‹ waren, galten als Anhängsel der politischen Tätigkeit und als Reminiszenzen aus der Zeit des Faschismus, an die man nicht allzu gern erinnert wurde. Deshalb ignorierte man auch seine Erfolge im Ausland – es sei denn man hatte einen Vorteil davon, wie bei seiner PEN-Präsidentschaft (die Aufnahme in den Internationalen PEN-Club war nach dem Krieg nicht selbstverständlich; anders als Italien wurde Deutschland, obwohl es Thomas Mann als Aushängeschild aufweisen konnte, nicht gleich akzeptiert).

Luce d'Eramo hat drei Etappen der Silone-Rezeption in Italien festgemacht: die erste von Mitte bis Ende der vierziger Jahre als Epoche des Schweigens, die zweite bis 65 als Epoche des »Falls Silone« und erst die dritte nach Erscheinen von *Notausgang* als Phase der Anerkennung.[123]

Wir befinden uns demnach also in der zweiten Phase der Silone-Rezeption, die auch durch seinen Wechsel zum Verlagshaus Mondadori gekennzeichnet war, wo 1949 *Fontamara* in überarbeiteter Fassung und 1950 *Der Samen unter dem Schnee* erschienen. Beide wurden zwar in relativ hohen Auflagen verkauft, doch von den Kritikern wiederum nur nach den üblichen Mustern wahrgenommen. Das linke Feuilleton – das kulturell bestimmend war – konnte dem Autor nicht seine »Abtrünnigkeit« verzeihen, kritisierte sein Werk vor allem von einer politischen Warte aus und meinte im Übrigen, dass es künstlerisch nicht bedeutend sei. Zu einem ähnlichen Schluss kamen liberale und konservative Kritiker, sie hoben die moralische Botschaft Silones (unter Vernachlässigung der politischen) hervor, hielten seine stilistischen Besonderheiten und seine Darstellungsweise jedoch kaum für untersuchenswert. Die der künstlerischen Moderne verpflichteten Beobachter sahen in ihm den traditionell schreibenden Regionalisten. Und die Katholiken, die sich für die religiöse Botschaft seiner Romane hätten interessieren können, fanden diese zu »protestantisch«.

Zu den jeweiligen Vorurteilen kam erschwerend die Tatsache, dass die Leser die Werke nicht in chronologischer Reihenfolge kennenlernten *(Wein und Brot* etwa erschien erst fünf Jahre nach seiner Fortsetzung *Samen unter dem Schnee)* und sich daher nur ein ungenaues Bild von der Entwicklung des Autors machen konnten.

Nun aber sollte zum ersten Mal ein neuer Roman in Italien erscheinen. Mit der Überarbeitung von *Fontamara* war Silone tatsächlich wieder ins Schreiben gekommen und machte sich Ende 1948 an ein Romanprojekt, das er bereits 1944 dem amerikanischen Verlag Harper & Brothers unter dem Titel »The Trumpet of Lazarus« angekündigt hatte. Im Februar 1952 kann er den fertigen Text seinem Verleger Arnoldo Mondadori schicken, der dem Autor im Juni, als *Una manciata di more – Eine Handvoll Brombeeren* – gedruckt vorliegt, folgendes Telegramm schickt:

»Erste Exemplare Ihres neuen Romans heute auf meinem Schreibtisch – gehen sofort nach Rom ab – Epoca widmet ihm fünf Seiten als dem Buch, das das literarische Jahr bestimmen wird – Freue mich, dass ihr erstes im freien Italien erschienene Werk mit dem Namen Mondadori die Meere pflügt und bin Ihnen dankbar, einem Dichter von der Art derer, die nicht verzweifeln.«[124]

»Eine Handvoll Brombeeren«

Der Kommunist Rocco Di Donatis ist zum Endkampf gegen den Faschismus in die Abruzzen zurückgekehrt, wo er sich als Partisan den Ruf erwirbt, kühn und grausam zu sein. Nach dem Sieg laufen dann plötzlich viele Leute mit roten Schleifchen auf der Brust in der Stadt herum. Dort sitzen – damit beginnt der Roman – zwei Männer im Café: Rocco und Alfredo Espósito, der rechtzeitig zu den Kommunisten übergewechselt ist und nun nicht verstehen kann, warum Rocco nicht als Partisanenheld die Parteiveranstaltungen schmücken will. An der Bushaltestelle fällt ihnen ein Unbekannter auf, den Rocco schließlich mit seinem Jeep ein Stück Weges bis zu der alten Meierei mitnimmt.

Die jüngste Geschichte dieser Meierei (eigentlich ein kleiner Weiler) stellt Silone in den Kapiteln 4 bis 7 dar. Nachdem die alten Gebäude vom Erdbeben zerstört worden waren, hatten sich an diesem abgelegenen und unwirtlichen Ort nur noch Menschen aufgehalten, die mit der Gesellschaft auf Kriegsfuß standen. Die Nähe eines wichtigen Bergpasses und der Kreuzung zweier Überlandstraßen gaben dem Ort eine strategische Bedeutung, die von den Bewohnern genutzt wurde. Wie die Briganten in vergangenen Jahrhunderten lebten sie von Überfällen und Pferdediebstahl.

Für dieses Banditentum bekam der Patriarch Zaccaria dann sogar einen staatlichen Orden verliehen. Denn als »ein fremdes Heer die Gegend für kurze Zeit besetzt hielt«[125], hatten er und seine Männer sich mit den Soldaten ein blutiges Gefecht geliefert (allerdings nicht aus patriotischen Motiven, es ging um einen Laster voll Käsekisten). In der Unruhe nach dem Sturz des Regimes und angeregt von den Schriften, die nun überall auftauchten, fasste Zaccaria dann eines Tages einen unerhörten Entschluss: Er verkündete seinen Abfall vom reaktionären Königreich und die Angliederung an die Sowjetunion. Um auch allen klar zu machen, worum es ging, ließ er an die Wand pinseln »Hier regiert der Schnauzbart« (›Baffone‹ war der Spitzname für Stalin). Nun muss der Anschluss irgendwie bewerkstelligt werden, also schickt Zaccaria einen Boten an die Kommunisten. Er wählt dafür Stella, die ebenfalls von den aufrührerischen Schriften infiziert ist. Stella ist eine junge Jüdin, die, mit ihrem Vater auf der Flucht, als Kind von der Meierei-Gemeinde aufgenommen wurde. Die finsteren Gesellen verwöhnen und lieben sie als ganz besonderes Wesen. Das Entsetzen ist groß, als sie kahlgeschoren wie eine Novizin von ihrer Mission zurückkommt und mit ihr Rocco, der Zaccaria und den Seinen klarmacht, dass die Partei solche Eigenmächtigkeiten nicht duldet.

Diese Szene inszeniert Silone wie einen Showdown:

»Rocco war allein gekommen, offenbar unbewaffnet. Langsam erhob er sich in seinem Jeep und schaute gleichgültig umher, ohne ein Wort zu sagen … Rocco machte gar keine Miene auszusteigen, und Zaccaria zeigte sich ebenso wenig gewillt, sich zu erheben und ihm entgegenzugehen … Der Gesichtsausdruck Roccos ließ sich mit keinem anderen vergleichen. Er war von demütigender Kälte … Die Spannung dauerte eine Weile, sie benahm einem den Atem. Wahrscheinlich hätte sich Zaccaria in jenem Augenblick lieber einer Legion Carabinieri gegenüber gesehen. Noch ehe er begriff, was da vor sich ging, musste er einsehen, dass er das Spiel verloren hatte. Unwiederbringlich verloren! Aber er musste doch etwas sagen …«[126]

Ein Dialog setzt ein, der keiner ist, denn er dient der Unterwerfung. Ein Aufstand wird erstickt und seine Protagonisten dem Parteiwillen gefügig gemacht.

Für dieses beispielhafte Handeln wird die Partei vom bürgerlichen und klerikalen Lager beglückwünscht. Nur der Held, Rocco, wird des vermeintlichen Sieges nicht froh und entzieht sich weiteren politischen Aufgaben.

Nach dieser (kaum als solche erkennbaren) Rückblende knüpft Kapitel 9 ans Ende des dritten Kapitels an. Rocco ist bei der Meierei, der Fremde, den er mitgenommen hat, ist verschwunden. Im Gespräch mit Zaccaria und seiner Frau Giuditta werden die Sachverhalte, aus denen sich die weiteren den Roman bestimmenden Konflikte entwickeln, gleichsam in einer zweiten Exposition, angerissen. Es geht um Stella, die sich Rocco – und der Partei – angeschlossen hat und die ihre Liebe für den Mann und ihre Begeisterung für die gerechte Sache als ein und dasselbe ansieht. Es geht um Martino (als solcher ist der Fremde im Jeep identifiziert worden), dem vor langen Jahren eine Demütigung widerfahren ist, die er offensichtlich rächen will; es geht um die Trompete von Lazzaro, die einst die Bauern zusammenrief und die Mächtigen in Unruhe versetzte; und es geht um einen Wald, der vormals dem Volk gehörte, den dann die Großgrundbesitzer Tarocchi durch juristische Listen in ihre Hand brachten und der schließlich abbrannte.

Silone schafft Spannung, indem er sich Zeit damit lässt, dem Leser zu enthüllen, was es im Einzelnen mit diesen Dingen auf sich hat. Aber es geht ihm letztlich nicht um die Enthüllung selbst, die oft nur unvollständig ist. Es geht um das komplexe Kräftefeld, in dem sich bestimmte Haltungen entwickeln und bewähren müssen. Silone treibt die Handlung voran, um sie immer wieder durch Exkurse über die Vergangenheit zu unterbrechen. Dadurch bekommt der Roman etwas Episodenhaftes. Zugleich gewinnen nicht nur die Figuren an Vielschichtigkeit und Tiefe, der Autor verdeutlicht auch, dass die Menschen und ihr Handeln nicht ohne die Geschichte des Ortes zu begreifen sind.

So erfahren wir beispielsweise anläßlich von Roccos Gespräch mit dem Priester Don Nicola über Martino auch etwas über die Amtsführung des vormaligen Pfarrers, eines Tarocchi, dessen barocke Verbindung der Rollen eines Seelsorgers, Jagdherrn, Liebhabers und Geburtshelfers die Gemeinde geprägt hat. Und auch Roccos Vergangenheit wird eingeblendet: Zutiefst religiös hatte er eines Tages die Kirche verlassen, weil er nichts mit dieser Gesellschaft der »Lauen« gemein haben wollte.

Der zweite Teil des Romans beginnt chronologisch gesehen wieder mit einem Rückblick: In einer grandiosen Szene schildert Silone, wie (nach dem Staatsstreich von Badoglio) ein junger Handwerker unter den staunenden Augen der Menge das Mussolini-Relief über dem Kirchenportal abschlägt. Kleinigkeiten verdeutlichen, wie sich das Verhalten all jener ändert, die etwas mit der Obrigkeit zu tun hatten. Silone setzt hier die Erzählperspektive von *Fontamara* ein, also die der kleinen Leute, die versuchen, sich ihren Reim auf das äußere Geschehen zu machen und es in den Kontext ihrer Erfahrungen einzuordnen. Darüberhinaus ist dies wieder eine Szene von großer optischer und symbolischer Eindringlichkeit.

Der Roman setzt sich detailliert mit der Nachkriegszeit im südlichen Italien auseinander. Er zeigt das politische Vakuum nach dem Sturz des Faschismus, in das die kommunistische Partei drängt – mitsamt den Opportunisten, die sich ihr angeschlossen haben. Deutlich wird, dass die Kommunisten ihrer revolutionären Aufgabe nicht gerecht werden und die eigene Organisation und den Machterhalt über die einst anvisierten Ziele setzen. Dadurch zementieren sie einen neuen Status quo, die Lage der armen Landbevölkerung ändert sich nicht wirklich. Der Aufstand um die Landnahme bleibt schließlich eher anarchisch-frühsozialistischen Elementen vorbehalten. Das wäre – leidenschaftslos skizziert – die historische Aussage des Romans. Doch Silone – und mit ihm seine Figuren – sind alles andere als leidenschaftslos. Und so stellt sich die Auseinandersetzung zwischen Rocco und seinen Genossen als ein dramatischer Schlagabtausch zwischen freien Ideen und erstarrten Dogmen dar, die allen möglichen menschlichen Niedrigkeiten Vorschub leisten.

Der innere Konflikt Roccos, der zur Loslösung von der Partei führt, verschärft sich dadurch, dass Stella Roccos Probleme nicht wahrhaben will. Vom kommunistischen Ideal beseelt, konfrontiert sie den Freund mit all jenen Argumenten, die sie noch vor kurzem von ihm gehört hat; für ihn haben sie jedoch angesichts seiner neuen Erfahrungen (zu denen auch Nachrichten von Verfolgungen in der Sowjetunion gehören) einen schalen Geschmack bekommen.[127]

Die Desillusion, die Stella dann selbst erfahren muss, ist niederschmetternd. Ihre Genossen Oscar und Ruggero, die ihr übel mitspielen, wirken allerdings fast wie Klischees seelenloser Apparatschiks. Nicht dass ihr Vorgehen undenkbar und daher unrealistisch wäre, doch die Art der Darstellung geht auf Kosten der Vielschichtigkeit der Problematik. Das Mädchen bricht jedenfalls angesichts dieser Erfahrung zusammen, kann sich nur schwer davon erholen.

Silone hat mit Stella, noch deutlicher als mit Cristina und Faustina in den Pietro-Spina-Romanen, eine starke Frau zeichnen wollen. Sie ist Rocco eine Partnerin, trifft selbstständige Entscheidungen, leidet darunter, wenn sie in die traditionelle Frauenrolle gedrängt wird. Doch es ist etwas Seltsames um all diese Frauengestalten: Absolut in ihren Ansprüchen und zart bis zur Zerbrechlichkeit reagieren sie auf Konflikte mit Krankheit. Ihre Stärke ist seelischer oder moralischer Natur, doch ihre Körper kapitulieren. – Die Tatsache, dass Stella auch eine sexuelle Beziehung zu Rocco hat, macht sie immerhin auf eine bei Silone ungewohnte Weise irdisch. Denn Sinnlichkeit ist nicht gerade eine Qualität seiner weiblichen Hauptgestalten – sie bleibt Nebenfiguren vorbehalten.

Wie *Der Samen unter dem Schnee* ist auch *Eine Handvoll Brombeeren* ein Hohelied auf die Freundschaft. Ein Paradies ohne Freunde, was wäre das für ein Paradies, äußert selbst der Pfarrer Don Nicola. Die »Wahl der Weggefährten«, der Freunde, bleibt für Silone die entscheidende Frage. Selbst Politik ist, will sie unkorrumpierbar bleiben, letzten Endes nur auf dieser Ebene zu denken. Während die Freundschaft im vorangegangenen Roman jedoch von idealistischen, ja geradezu mystischen Elementen geprägt war, ist sie in *Eine Handvoll Brombeeren* stärker in der Realität verankert. Martino, Lazzaro, Rocco, der Schafhirt Massimiliano, sie alle sind geschichtliche Wesen, und es ist ihre Geschichte, die sie zusamenführt. Und es ist die geschichtliche Entwicklung, die sie wieder trennt. Am Ende des Romans muss Martino fliehen, Rocco und Stella wählen das Exil. Doch die Erfahrung der Gemeinsamkeit gibt ihnen Zuversicht. Sie trinken auf die Befreiung. Sie wird kommen – »in einem Jahr, oder in sechzig, oder in zweitausend.«[128] Diese Zuversicht speist sich aus der Natur des Menschen, aus seiner oftmals verschütteten Fähigkeit, menschlich zu empfinden, dem Bruder ein Bruder zu sein. Damit bekommt diese ›künftige Befreiung‹ aber auch die Qualität eines christlichen Heilsversprechens, das besteht, solange es Gerechte auf dieser Erde gibt.

Dass die den Kommunisten nahestehende Presse *Eine Handvoll Brombeeren* nicht gut finden kann, verwundert nicht. Aber auch sonst tut sich wenig Neues im Feuilleton. Es bleibt bei den bereits beschriebenen Mustern der Silone-Kritik.

Politischer Moralist

Ende 1952 werden in der Tschechoslowakei der Kommunistenführer Slansky und neun seiner Anhänger nach einem Schauprozess zum Tode verurteilt. Silone und der Kongress für kulturelle Freiheit machen mobil gegen die Willkür der Verfolgung. – In den USA hatte man inzwischen das Ehepaar Rosenberg wegen Spionage inhaftiert und dann zum Tode verurteilt. Alle internationalen Proteste blieben ungehört[129], und die Exekution der Rosenbaums im Juni 1953 desavouierte auch jene, die sich im Kampf der Ideologien auf die Seite

Amerikas gestellt hatten. In der ersten Nummer von *Encounter*, der britischen Zeitschrift des Kongresses für kulturelle Freiheit, erschien ein Postskriptum zum Fall Rosenberg von Leslie Fiedler (der in den sechziger Jahren auch in Deutschland als Theoretiker einer postmodernen Pop-Kultur bekannt wurde). Sein Beitrag, der den politischen Mythos um die Rosenbergs analysierte, wirkte auf viele Leser menschenverachtend und mehrte die Befürchtung, dass es sich bei der Publikation des Kongresses um ein trojanisches Pferd handelte, das amerikanischen Interessen diente. Inhaltliche Anlässe zu solchen Spekulationen (sieht man einmal von der Polemik der Kommunisten ab) hat Silones *Bollettino* nie gegeben.

Widerwillig lässt sich Silone bei der Wahl 1953 von Saragat dazu überreden, für die Sozialdemokraten zu kandidieren. Diese sind ein Wahlbündnis mit den Christdemokraten, den Republikanern und den Liberalen eingegangen. Um die Regierung zu stabilisieren, hatten die Christdemokraten ein Gesetz durchgebracht, das die Opposition als »Legge truffa« (Betrugsgesetz) bezeichnete. Demnach sollten diejenigen, die über 50 % der Stimmen erhielten, 65 % der Parlamentssitze zugesprochen bekommen. Doch das Wahlbündnis verfehlt mit 49,8 % sein Ziel. Auch Silone wird nicht gewählt. Mit seinem Einsatz hatte er die Position des demokratischen Sozialismus in Regierung und Parlament stärken wollen. Die linken Wähler fühlten sich von dieser Art von Koalition jedoch offensichtlich nicht angesprochen. Angesichts der Wahlergebnisse bildete de Gasperi dann eine reine DC-Regierung, der allerdings nicht das Vertrauen ausgesprochen wurde, worauf er erneut mit den Kommunisten und Sozialisten verhandelte.

Es war Silones endgültig letzter Ausflug in die Parteipolitik. Ab nun mischt er sich nur noch schreibend ein, etwa zur Verteidigung sowjetischer Dissidenten oder zur Anprangerung von McCarthys Verfolgungen, vor allem aber in Schriften, in denen er allgemeiner und grundsätzlicher zu politisch-moralischen Fragen seiner Zeit Stellung nimmt. Eine Standort-bestimmung stellt sein Vortrag »Die Wahl der Gefährten« dar, den er 1954 in Turin, Mailand, Genua und Rom hält. Ausgangspunkt für seine Überlegungen ist der Selbstmord so vieler Intellektueller unterschiedlicher Provenienz – von Ernst Toller zu Cesare Pavese, von Majakowskij zu Drieu de la Rochelle. Silone sieht darin ein Symptom des nihilistischen Zeitalters. Der Faschismus habe versucht, den Nihilismus qua Diktat zu überwinden, ihn tatsächlich aber inthronisiert, indem er einen Pseudo-Sinn jenseits aller Moral setzte; er »glaubte, die Italiener mit orthopädischen Maßnahmen von ihrer Skepsis heilen zu können«[130], und verpasste der Jugend statt der veralteten Hüte Stahlhelme. – Dass es durchaus einen Weg von existenzialistisch-nihilistischen Positionen zur Kon-stituierung von Sinn gibt, weist Silone an den Werken von Ernst Jünger und Albert Camus nach; zwischen dem Heroismus des proletarischen Roboters in *Der Arbeiter* und dem Mitempfinden in *Strahlungen* habe eine ähnliche Entwicklung stattgefunden wie zwischen der Gefühllosigkeit in *Der Fremde* und der sozialen Verantwortung in *Der Mensch in der Revolte* oder dem Roman *Die Pest*.

Wie kommt es zu solchen Entwicklungen? Die natürliche Auflehnung in der Jugend erhält nach Silone erst durch die Wahl der Gefährten die ihr eigene Richtung. Als er sich von der Kirche ab und den Tagelöhnern zugewandt habe, sei das eine gefühlsmäßige Entscheidung gewesen. Die Theoriebil-dung kam, wie bei den meisten, erst danach. Die geschicht-liche Entwicklung zwingt jedoch zu Korrekturen. Für Silone ist die Zeit, in der die Ausrichtung auf die Arbeiter Fortschritt und eine menschlichere Entwicklung versprach, endgültig vorbei. Es komme nun auf den Einzelnen und sein Gewissen an. Theoretisch entwickelt Silone hier das, was er in *Eine Handvoll Brombeeren* bereits literarisch veranschaulicht hat: Es gibt keine Gewißheiten außer der christlichen Gewißheit von der Fähigkeit des Menschen zur Brüderlichkeit. Diese aber zwingt zur Auflehnung, denn wie soll man sich »damit abfinden, dass bei den ärmsten und unglücklichsten Kreaturen die menschlichen Möglichkeiten einfach erstickt werden?«[131] Wenn aber die Situation der Unterdrückten und Ausgebeuteten nicht kuzfristig zu ändern ist, muss wenigstens darüber Rechenschaft abgelegt werden. Silone schließt mit einem Machiavelli-Zitat: »Das Gute, das du wegen Fortunas und der Zeiten Ungunst nicht wirken konntest, sollst du anderen mitteilen, damit viele davon wissen und einige, die mehr vom Himmel geliebt sind, es in lebendige Tat verwandeln.«[132]

Im Jahre 1954 erfährt Silone erstmals auch in Italien eine etwas umfassendere Würdigung. Die Zeitschrift *Fiera letteraria* widmet ihm eine Sondernummer, in der jenseits der bisher üblichen Rezeptionsmuster sein Werk analysiert, seine Themen diskutiert werden.

Silone selbst beschäftigt sich zu dieser Zeit mit der Überarbeitung von *Brot und Wein* für die Veröffentlichung bei Mondadori, die dann 1955 erfolgt – etwa zwanzig Jahre nach Entstehung des Romans. Die Thematik ist trotz der konkreten Anbindung an eine vergangene historische Situation nicht veraltet. Für Silone steht sie nun im Zusammenhang mit der erneut virulent gewordenen Mezzogiorno-Frage. Zwar waren nach Landbesetzungen und Bauernunruhen Anfang der fünfziger Jahre 700.000 Hektar Land an Kleinbauern verteilt worden, doch die Agrarreform blieb Stückwerk, und auch die Entwicklungsprojekte zur ökonomischen Umstrukturierung, durch die »Cassa del Mezzogiorno« gefördert, hatten nicht den erwünschten Erfolg, verhalfen vielmehr korrupten Beamten und örtlichen Unternehmern zu Reichtum.

Interessant ist in diesem Zusammenhang der Essay »La Narrativa e il ›sottosuolo‹ meridionale« (Die Literatur und ihr südlicher Unterbau). Silone setzt sich darin weniger mit der Literatur als mit der Region und der dortigen Mentalität auseinander. Das Scheitern der bisherigen administrativen Maßnahmen führt er auch auf die Unkenntnis der Bedürfnisse und Bewusstseinsstrukturen im Süden und auf das Versäumnis zurück, die Menschen selbst an diesen Projekten zu beteiligen (eine Einschätzung, die Gramsci sicher geteilt hätte). Silone weist auf das tief in der Volkskultur verankerte christliche Erbe hin sowie auf die latente Energie dieses Menschenschlages, die sich in Krisensituationen offenbart: Dann wird das fatalistische, indolente oder gar servile Alltagsverhalten plötzlich durch ein trotzig-kühnes abgelöst. Der Autor stellt eine Verbindung her zwischen dem tiefverwurzelten Glauben an die Ankunft des Reichs Gottes auf Erden und der revolutionär-anarchischen Überzeugung, eine Welt, die sich radikal von der erfahrenen unterscheidet, sei durchsetzbar. – Für sich nimmt Silone in Anspruch, dass er seine Kenntnis über den Süden nicht auf Schulen und nicht aus Büchern, sondern nur durch das Zusammenleben mit den Cafoni erworben hat. Er sieht sich daher auch nicht einer literarischen Tradition der süditalienischen Literatur verpflichtet. Gemeinsamkeiten können nur in der dargestellten objektiven und subjektiven Realität liegen. Moderner ausgedrückt: Das Phänomen der Intertextualität gibt es für und bei Silone nur in Bezug auf die Bibel.

Tempo presente

Gemeinsam mit Nichola Chiaromonte, den Silone seit seinem Schweizer Exil kennt und der in seiner Jugend ebenfalls für die kommunistische Presse von Willi Münzenberg gearbeitet hatte, plant Silone 1955 eine neue Zeitschrift. Anspruchsvoller als das *Bollettino dell' Associazione italiana per la libertá della cultura* soll sie das italienische Pendant zu den Kongress-Zeitschriften *Preuves*, *Encounter* und *Der Monat* darstellen. Bereits bei der Planung legt Silone Wert auf die Unabhängigkeit vom Kongress für die Freiheit der Kultur, »schon weil wir nicht wissen, in welche Richtung der Kongress in Zukunft steuern wird«[133]. Die Zusammenarbeit mit den Kongress-Zeitschriften solle sich auf den gelegentlichen Austausch von Artikeln beschränken. Es müsse der Kontakt zu Autoren gesucht werden, die »bekanntermaßen unabhängig vom Kongress seien und noch nicht in seinen Blättern publiziert« hätten. Zugleich solle eine Zusammenarbeit mit selbstständigen Zeitschriften wie dem deutschen *Merkur* und der polnischen *Kultura* anvisiert werden.[134] Die erste Nummer von *Tempo presente* erscheint 1956, unter anderem mit Beiträgen von Camus, Moravia und Sciascia. (Leonardo Sciascia und Pier Paolo Pasolini gehören zu den wenigen italienischen Autoren, denen sich Silone innerlich verbunden fühlt.)

Die finanzielle Abhängigkeit vom Kongress, für dessen italienische Niederlassung Silone nach wie vor koordinierend und reisend viel Zeit einsetzt, scheint die Zeitschriftengründer nicht beunruhigt zu haben, weil sie wohl ihre Aktionsfreiheit nicht bedroht sahen. Die Zuschüsse, die vom Kongress – d. h. von der CIA via zweier amerikanischer Stiftungen –, gewährt wurden, scheinen sporadisch geflossen und Mitte der sechziger Jahre fast ganz versiegt zu sein, so dass Silone zum Schluss eigene Mittel zuschießen musste, um die Zeitschrift, die ihm zehn Jahre lang eine Herzensangelegenheit war, am Leben zu erhalten. Im Jahr 1960 sollen immerhin $ 38.000 an *Tempo presente* gegangen sein (vermutlich um ein akkumuliertes Defizit auszugleichen). *Preuves*, *Encounter* und *Der Monat* erhielten wesentlich größere und regelmäßigere Zahlungen. Insgesamt ließ sich die CIA die Kongress-Zeitschriften im Jahr 1961 $ 560.000 und 1962 $ 880.000 kosten.[135]

Zwei Ereignisse prägen das Jahr 1956: Chruschtschows Abrechnung mit dem Stalinismus auf dem XX. Kongress der KPdSU weckt Hoffnungen auf eine neue, offenere Ära in der

Sowjetunion, und der Einmarsch in Ungarn erstickt solche Hoffnungen sogleich wieder. *Tempo presente* greift beide Ereignisse auf und nimmt ausführlich Stellung dazu. Trotz der Entwicklung in Ungarn sucht Silone eine neue Phase des Dialogs mit Intellektuellen des Ostblocks einzuleiten. Die in Venedig und Zürich organisierten Treffen verlaufen jedoch ernüchternd, da die sowjetischen Gesprächspartner als Repräsentanten der offiziellen Parteilinie auftreten. Auch ein anschließender ›Briefwechsel‹ mit Iwan Anissimow (in *Tempo presente* dokumentiert) ähnelt eher einem Schlagabtausch. Silone hatte dem sowjetischen Wissenschaftler fünf Fragen gestellt, die vor allem die Folgen des XX. Parteikongresses betrafen. Anissimow hielt sich bedeckt.

»Das Geheimnis des Luca«

Trotz all solcher Aktivitäten kann Mondadori Ende 1956 wieder einen neuen Roman ankündigen – *Il segreto di Luca*. Der Stoff hat Silone schon lange beschäftigt. Bereits 1949 begann er seine Recherchen zum Fall Zauri. Francesco Zauri hatte dreißig Jahre unschuldig im Gefängnis gesessen, bis der tatsächliche Mörder auf dem Sterbebett ein Geständnis ablegte und seine Täterschaft auch bewies. Zauri war nicht zuletzt deshalb verurteilt worden, weil er sich hartnäckig weigerte, darüber Auskunft zu geben, wo er sich in der Nacht des Verbrechens aufgehalten hatte.

Für Silone war der Fall Zauri jedoch weit mehr als die seltsame Geschichte eines Justizirrtums, hatte er doch einen sehr persönlichen Bezug dazu. Als kleiner Junge, gerade erst des Schreibens kundig, war er derjenige gewesen, der heimlich für die Mutter des Häftlings, eine Analphabetin, die Briefe an den Sohn ins Gefängnis schrieb. – Als Silone nach dem Krieg wieder in Rom wohnte, hörte der inzwischen freigelassene Zauri davon und besuchte ihn 1946. Erstaunlicherweise blickte dieser alte Mann ruhig, gelassen und ohne Groll auf sein Leben zurück.

Silone hat sich dagegen gewehrt, dass *Das Geheimnis des Luca* als Schlüsselroman gelesen werde, und tatsächlich sind die wahren Ereignisse, soweit der Autor sie in den Roman einbaut, nur ein Ausgangspunkt, von dem aus er die mögliche Geschichte und die Psyche seiner Figuren erforscht.

Ein alter Mann nähert sich in der Mittagszeit einem Städtchen. Die karge Landschaft, die drückende Hitze, die schläfrigen Gassen, all das ist mit großer Intensität beschrieben. Er wechselt nur ein paar Worte mit einer Frau am Wegesrand, einem vor der Tür des Priesters liegenden Mann und einem kleinen Jungen. Die wenigen Sätzen liefern fast nebenbei sowohl eine handlungsbezogene als auch eine symbolische Exposition des Romans. Hier kehrt einer nach langer Zeit heim, er weiß nicht, dass der Wald abgebrannt ist. Wann? An einem Freitag, »ist es nicht immer derselbe Freitag, der sich wiederholt?« wird in Anspielung auf den Karfreitag gefragt.[136] Niemand kennt den Mann, nur eine alte blinde Frau gerät in Unruhe über den ihr bekannten Rhythmus seiner Schritte. Toni, der kleine Junge fragt ihn, ob er Geheimnisse wahren könne – so, mit einer Anspielung auf den Titel und den Mittelpunkt des Romans, endet das erste Kapitel. Das zweite Kapitel führt die Exposition fort und gibt einen Einblick in die historische Situation. Beim neuen Nachkriegs-Bürgermeister wird beraten, wie man sich bei der angekündigten Heimkehr des Unschuldigen verhalten soll. Alle sind zu jung, um zu wissen, was damals tatsächlich vorgefallen ist. Warum haben alle Alten solche Angst vor Lucas Rückkehr? Sind sie an ihm schuldig geworden? Selbst der alte Priester Don Serafino, einst Lucas Freund, schlägt vor, ihn außerhalb in einem Altersheim unterzubringen.

Luca ist nicht der einzige Heimkehrer nach dem Krieg. Auch Andrea Cipriani, vormals Lehrer in Cisterna dei Marsi und von den Nachbarn denunziert, kehrt nach Zeiten der Haft, nach Verbannung und Exil zurück. Silone setzt die Geschichte dieser beiden Heimkehrer zugleich parallel und antithetisch zueinander. Über den Empfang von Andrea, der als Kommunist nun gewissermaßen auf Seiten der Sieger steht, macht man sich in der Bürgermeisterei ebenfalls Gedanken. Als bedeutender Sohn der Stadt soll er gefeiert werden.

Andrea Cipriani aber erscheint nicht zur Feier. Ein Treffen mit Luca ist ihm wichtiger. An ihn binden ihn Erinnerungen, die denen Silones gleichen: Im Roman ist Andrea jener Junge gewesen, der die Briefe für die Mutter des Häftlings Luca geschrieben hat. Nun trifft er den alten Mann, der das Geheimnis, warum er sich nicht verteidigt hat, immer noch bewahrt.

Die Neugier des Lesers, was es mit dieser dunklen Geschichte auf sich hat, ist auch die von Andrea, für den sie – aus dem Wunsch heraus, Luca zu helfen, ihn zu rehabilitieren – zur Obsession wird. Er sucht die Zeitzeugen jener Tage auf, die nur widerwillig und ungenügend Auskunft geben. Langsam, bruchstückhaft setzt sich jedoch ein Bild zusammen, – weniger des ›Tatverlaufs‹ als der sozialen Zwänge, die jene bäuerliche Gesellschaft kennzeichneten und Luca in einen tragischen Konflikt trieben, für den es seinem Empfinden nach keine schuldlose Lösung gab. Das Gefängnis wurde ihm zum ›Notausgang‹.

Der Roman erinnert, wie Rezensenten bemerkten, an einen Krimi, nur dass hier am Ende nicht die Überführung des Schuldigen steht, sondern der Beweis seiner Unschuld. Dabei stellt Silone das Verhältnis von Schuld und Unschuld als ein höchst kompliziertes, mentalitätsgeschichtlich bedingtes Geflecht dar. Das Dorf ist während des Prozesses an Luca schuldig geworden, zugleich aber ist er an der Gemeinschaft ›schuldig‹ geworden, weil er durch seine Liebe zu der verheirateten Ortensia und seine Verlobung mit einem anderen Mädchen das soziale Gefüge und die familiären Beziehungen in Gefahr gebracht hatte. Aber auch Lucas Verhalten im Prozess wird als Provokation empfunden. Dieses Aufsichnehmen einer Schuld, die nicht die seine war, bringt mehr als alles andere Unruhe und Fassungslosigkeit in die Gemüter, erinnert es doch von fern an die christliche Passion.

Das Geheimnis des Luca beginnt zwar mit einer für Silone typischen Problematik: Der kommunistische Heimkehrer sieht nun, da er und seine Genossen nicht mehr zu den Verfolgten gehören und eine Verwirklichung der Ideale auf der Tagesordnung steht, dass seine Partei diesem Anspruch nicht gerecht wird. Doch diese Problematik rückt im Roman immer mehr in den Hintergrund. Im Vordergrund steht die Geschichte einer absoluten Liebe, die nur in der Treue ihre Erfüllung finden kann.

Zu Recht hat sich Silone gegen das Urteil einiger Kritiker verwehrt, dass er in diesem Roman die soziale Problematik aus dem Auge verloren habe. »Die Liebe der beiden war ›unmöglich‹. Warum? Nun gerade aufgrund der Gesellschaft, deren Ausdruck diese Figuren sind ... die Tatsachen, die den Handlungsverlauf bestimmen, sind allesamt gesellschaftlich bedingt.«[137]

Das Geheimnis des Luca wurde in zehn Sprachen übersetzt (ins Englische von Darina Silone) und hat nicht nur im Ausland, sondern auch in Italien gute Rezensionen bekommen, Silone hier auch zum ersten Mal einen Preis, den Premio Salento, eingebracht. Die Kritik, die das Buch als Silones »schönsten« Roman bezeichnete, attestierte ihm auch romantizistische Züge.[138] Tatsächlich erinnern bestimmte Konstellationen und Szenerien sogar an die Schauerromantik des 19. Jahrhunderts. Das gibt dem Roman jedoch keine trivialen Züge, sondern verleiht dem ›Geheimnis‹ seinen düsteren Hintergrund und kennzeichnet das Ambiente als geschichtlich zurückgeblieben.

Als der Roman erschien, war Silone schon wieder mit anderem beschäftigt, vor allem mit Ungarn. Im Pariser *L'Express* veröffentlichte er einen Essay mit dem Titel »Die Lehre von Budapest«[139]. Es handelt sich dabei nicht nur um eine Solidaritätserklärung mit den ungarischen Aufständischen, sondern um eine generelle Analyse der Situation in den sozialistischen Ländern. Silone konstatiert, dass diese aufgehört haben, ein monolithischer Block zu sein; das sogenannte Tauwetter sei nicht ein Geschenk der Obrigkeit gewesen, sondern nur eine notwendige Konzession, die der faktischen Situation Rechnung trug. Er hebt die Haltung der Intellektuellen hervor, eine Haltung, die, ebenso wie das Überlaufen russischer Soldaten zu den Aufständischen, deutlich gemacht habe, dass fortan mit einer ernsthaften Opposition zu rechnen sei. In diesem Zusammenhang setzt sich Silone mit den westlichen ›Progressisten‹ auseinander, vor allem mit Sartre – obwohl dieser ja das Eingreifen der russischen Truppen scharf verurteilt hatte. Seine Lehre von den »Identifikationen« analysiert Silone (seinerseits vereinfachend) als eine der Vereinfachungen, die andere über Jahre in die Irre geführt habe:

> »Seiner (Sartres) Ansicht nach kann ein Schriftsteller, der wirklich lebendig ist, in jedem Fall nur für den Fortschritt eintreten. In der heutigen Zeit ist der Fortschritt identisch mit der Arbeiterklasse; die Arbeiterklasse ist ihrerseits identisch mit der kommunistischen Partei; die kommunistische Partei ist bekanntlich identisch mit Sowjetrussland und den Volksrepubliken, die ihrerseits identisch sind mit dem, was heute historisch bedeutsam ist. ... Wie bei einem Taschenspielertrick sind mit einem Schlag die schwierigsten, seit jeher offenen Fragen beantwortet, aus der Welt geschafft.«[140]

Und Silone schließt mit dem Appell: »Wir müssen ein für allemal auf die Vermittler verzichten, auf alle, die uns befehlen, wann wir die Augen öffnen oder schließen und was wir denken sollen.«[141]

Silones Engagement für die ungarische Frage schlägt sich auch darin nieder, dass er eine Zeit lang die ungarisch/italienische Zeitschrift *Olaszorszagi Magyar Ujsag* leitet und für das Komitee ungarischer Flüchtlinge tätig ist. – Dabei verliert er die Probleme im eigenen Land nicht aus dem Blick. Er setzt sich – diesmal gemeinsam mit Kommunisten – für den unter fadenscheinigen Gründen verhafteten Sozialreformer und Schriftsteller Danilo Dolci ein, der in Sizilien Entwicklungsprojekte für die Ärmsten initiiert hatte.

Ein anderes Thema, das Silone am Herzen liegt, ist die Wehrdienstverweigerung aus Gewissensgründen. Anfang der sechziger Jahre wird er in den regionalen Zirkeln des Kongresses für kulturelle Freiheit eine Kampagne für dieses Ziel in Gang setzen und dann die Vorbereitung des Gesetzentwurfes publizistisch begleiten.

Seine Skepsis bezüglich der Entwicklung des Parlamentarismus und der Massenparteien, auch der Gewerkschaften, wächst. In mehreren Essays, vorwiegend in *Tempo presente* veröffentlicht, geißelt er die fortschreitende Bürokratisierung und die sich verselbstständigende Macht der Apparate. Die damit einhergehende Versorgungsmentalität der Bevölkerung, die sich ihre jeweilige Mitgliedschaft in einer Partei mit Vorteilen bezahlen lässt, führe zur politischen Verluderung. Hellsichtig sieht Silone die Entwicklung voraus, die schließlich zu ›Tangentopoli‹ und zu den großen politischen Skandalen in Italien führen sollte. Er fordert einen Abbau der Apparate, weniger Staat, die Trennung von Funktion und Mandat und gibt seiner Sympathie für anarchistisches Gedankengut Ausdruck. – Bei der Democrazia Cristiana sieht er klerikalen Gehorsam gegenüber der Machtinstitution Kirche. Sein eigenes religiöses Empfinden lässt ihn den Kontakt zu kirchlichen Außenseitern wie den Petites Soeurs von Charles Foucauld und den Franziskanern aufnehmen. Es ist die Zeit, in der er für sich selbst die Definition findet »Christ ohne Kirche und Sozialist ohne Partei«[142].

Eine seltsame Mischung aus Zurückgezogenheit und Öffentlichkeit prägt Silones Wirken. Auf Geselligkeit legt er wenig Wert. Mit seiner Frau Darina lebt und arbeitet er in einer eher bescheidenen Wohnung nahe der Piazza Bologna in Rom. Er wird beschrieben als schweigsamer, leicht melancholischer Mensch, der, freundlich-distanziert, sich nie in den Vordergrund drängt. Mit leiser, schleppender Stimme bringt er seine Kommentare vor, die von scharfem analytischen Verstand und einem feinen Sinn für Ironie zeugen. Er ist jedoch jederzeit bereit, für eine Sache, die ihm wichtig ist, ein Podium zu besteigen und organisatorisch aktiv zu werden, auch wenn ihn das aus dem Schreiben bringt – das er aber nie als Selbstzweck empfunden hat.

»Der Fuchs und die Kamelie«

Als Arnoldo Mondadori 1959 das Manuskript von *La volpe e le camelie* bekommt, ist er enttäuscht. Er hält die Erzählung zwar für reizvoll, doch eher für eine Nebenarbeit, »nicht für eine außerordentliche Darstellung Ihrer poetischen Welt«[143], wie er dem Autor schreibt.

Das Werk erscheint im Mai 1960. Es handelt sich um eine Umarbeitung und wesentliche Erweiterung der bereits erwähnten Geschichte *Der Fuchs* aus dem 1934 erschienenen Erzählband *Die Reise nach Paris*. Dieser kurze Roman nimmt zwar die Motive und den Plot der vorangegangenen Erzählung auf, seine Eigenständigkeit, darstellerische Intensität und psychologische Vielschichtigkeit lassen das Urteil des Verlegers und mancher italienischer Kritiker jedoch verwunderlich erscheinen. Das Buch fand keine große Verbreitung. Vielleicht war in Italien die Tatsache schwer zu verkraften, dass der junge faschistische Spion nun quasi dadurch nobilitiert wird, dass er den Selbstmord wählt, um nicht den Vater des geliebten Mädchens zu verraten. Eine Neuauflage 1974 verkaufte sich dann allerdings mit 70.000 Exemplaren. – Die Parallelsetzung von dem Fuchs, der, endlich in die Falle geraten, erschlagen wird, und dem Spion, dem man das Handwerk legen will, wird hier im Unterschied zu der früheren Erzählung zugunsten des Menschen aufgegeben, der eben zu allererst Mensch und nicht Faschist ist. – *Der Fuchs und die Kamelie* ist der einzige Roman Silones, der nicht in den Abruzzen spielt. Schauplatz ist das Tessin, und Silone greift für das Umfeld der Geschichte seine Erfahrungen aus der Zeit des Schweizer Exils und der Untergrundarbeit gegen den Faschismus auf. Es muss eine seltsame Erfahrung gewesen sein, sich nach zwei Jahrzehnten mit dieser abgeschlossenen Lebensepoche literarisch auseinanderzusetzen.

Silone hat für seine Überarbeitungen eine eigene Erklärung. Was er zur deutschen Neuausgabe von *Fontamara* schrieb, gilt auch für *Der Fuchs und die Kamelie*:

»Ich lebe mit den Gestalten meiner Erzählungen in einer engen Gemeinschaft, die nicht von einem Tag auf den anderen gelöst werden kann, und so geschieht es, dass meine Gedanken bei ihnen verweilen und das Buch in mir weiterlebt und wächst, wenn es schon längst im Schaufenster des Buchhändlers liegt … Als ich nach einer Reihe von Jahren in mein Vaterland zurückgekehrt war,… war meine Überraschung beim Wiederlesen des Textes nicht gering. Sie galt nicht, wie man vermuten könnte, dem Kontrast zwischen der Welt meines Buches und der Wirklichkeit, die ich nun wieder vor Augen hatte, sondern vielmehr dem Unterschied zwischen der … Erzählung und dem, was im Laufe der Jahre in meiner Vorstellung aus ihr geworden war.«[144]

Dieser neuen Vorstellung gleicht er die Texte in seinen Überarbeitungen an – »aber es sind immer noch dieselben Menschen, es ist immer noch dieselbe Geschichte.«[145]

Silone als Reisender

Es beginnt eine Zeit größerer Auslandsreisen. Ende 1961 besucht Silone Israel und den Nahen Osten. Er erzählt davon in autobiografischen Notizen. Auf dem Weg von Jerusalem nach Jericho überkam ihn in der zeitlos kargen Landschaft das Gefühl, dies schon gelebt und gesehen zu haben. Die Straßen waren leer. Nur eine schwarzgekleidete Frau mit einem Kind auf dem Arm ritt auf einem staubigen Eselchen an ihnen vorbei, ohne sie anzusehen. Darina brach das Schweigen: »Aber das ist doch die Landschaft deiner Romane!« Durch ihren Ausruf wurde Silone klar, was ihn in diesen Zustand innerer Beunruhigung gebracht hatte. »Ich sah etwas wieder, das außerhalb meiner existierte und das ich seit vielen Jahren, vielleicht von Geburt an, in mir getragen hatte, die Landschaft der Seele.«[146] Und es wird ihm klar, dass der Schauplatz seiner Romane, die Abruzzen, nicht nur ein realer geografischer Ort ist, sondern auch eine Spiegelung dieser von jeher gekannten Landschaft, die nicht zufällig eine biblische ist.

Silone bewegt sich aber nicht nur als empfindsamer Reisender durch diese Region. Er nimmt an Konferenzen und Diskussionen teil und setzt einen Dialog fort, der schon bei dem ersten großen Kongress zur zeitgenössischen arabischen Literatur im Oktober 1961, zu dessen Mitveranstaltern Silone gehörte, begonnen hatte.

1962 wird er zu Lesungen und Vorträgen nach Südamerika eingeladen. In Buenos Aires, wo alle seine Bücher in eigenen Übersetzungen erschienen sind, empfängt man ihn als einen der Großen der Literatur. Ähnlich in Montevideo und Rio de Janeiro. Silone besucht damit die Länder, in denen so viele süditalienische Bauern ihr Glück suchten, darunter auch sein Vater bei seinem erfolglosen Abenteuer als Erntearbeiter in Brasilien. – Im Frühjahr 1963 schließlich reist Silone zum ersten Mal in die USA, wo sein Werk mit weit größerer Aufmerksamkeit gelesen worden ist als in Italien und auch die ersten umfassenden Studien über den Autor erschienen sind. Diese Reisen lassen den Autor konkret etwas von der Wertschätzung erleben, die ihm in Italien versagt geblieben ist. Doch auch hier sollte sich das ändern.

»Notausgang« und späte Anerkennung

Die Wende kam mit der Publikation von *Notausgang*. Das ist umso erstaunlicher, als es sich um eine Sammlung von Erinnerungen, Betrachtungen und Essays handelt, die allesamt schon – teilweise mehrfach – veröffentlicht worden waren.[147] Mondadori hatte sich wohl auch nicht viel von dieser Reprise erwartet und die Rechte dem Verlag Vallecchi überlassen, der das Buch im Mai 1965 herausbrachte.

Das Geheimnis des Erfolges liegt vielleicht in der Komposition, die den Leser einlädt, die Entwicklung eines politischen Menschen und seiner Anliegen nachzuvollziehen und die eine besondere Art der Einfühlung ermöglicht. Dabei spricht der Autor kaum je über Gefühle, Privates oder gar Intimes. Doch er hat die Gabe, das, was für ihn jeweils entscheidend war, in exemplarischen Situationen so zu veranschaulichen, dass der Leser ihm willig folgt und nahezukommen meint.

Hatte man sich über den politischen Silone und seine jeweiligen Stellungnahmen und Aktionen von Fall zu Fall aufregen und seine Romane ablehnen können, nötigte nun die Konsequenz, der man in dem hier fragmentarisch aufgeblätterten Leben begegnete, zu einem neuen Blick auf den Autor. Und die Darstellungsweise, bar jeder literarischen Prätention, öffnete paradoxerweise auch jenen, die keine Verehrer seines Werks waren, die Augen für die literarische Qualität des Schriftstellers.

Doch die alten Fronten waren dadurch noch nicht verschwunden. Als im Juli die Jury für den renommierten Viareggio-Preis (erzählende Prosa und Essayistik) zusammentritt, schließt man Silone, offenbar mit allerlei Tricks, aus der Reihe der Kandidaten aus. Das Hauptargument dafür ist, dass sein Buch das Andenken des kürzlich verstorbenen Togliatti beleidige.[148] – Die Presse nimmt diesen Vorfall auf, der sich zu einem literarischen Skandal auswächst und in dessen Folge erst allgemein bewusst wird, wie seltsam sich die literarische Öffentlichkeit in Italien Silone gegenüber verhalten hatte.

Im September wird Silone, der nun 65 ist, dann auch eilig der Marzotto-Preis verliehen. Weitere Auszeichnungen sollten folgen. Auf die späte Anerkennung reagiert der Autor ähnlich stoisch wie auf die Anfeindungen zuvor, lässt sich davon nicht in seiner Arbeit beirren. Diese ist zunehmend von einer Geisteshaltung geprägt, die man als illusionslosen Optimismus bezeichnen könnte. Davon zeugten schon die in *Notausgang* aufgenommenen »Gedanken über den Fortschritt«. Silone macht Inventur: Abschied zu nehmen sei von der Hoffnung, der wachsende materielle Wohlstand befördere automatisch die Emanzipation des Menschen; bessere allgemeine Bildungschancen führten nicht unbedingt zu mehr Interesse oder gar zu einem Engagement für edle Ziele; der Mensch sei bisher nicht aus dem Reich des Zwangs in das Reich der Freiheit getreten. Eine solche Diagnose rechtfertige jedoch noch nicht den verbreiteten zivilisationskritischen Pessimismus; die Befürchtungen, die sich an den hochindustrialisierten und von Massenmedien geprägten Wohlfahrtsstaat knüpfen – wachsende Trägheit, Fremdbestimmung und Manipulierbarkeit der Menschen –, dürften nicht zur Nostalgie nach früheren Zeiten verführen. Erst wenn die unmittelbare materielle Not, die in vielen Ländern noch herrsche, überwunden sei, stelle sich die Frage nach weiterführenden Zukunftsidealen. Nicht der Antagonismus zwischen den Klassen werde sich in der Zukunft verschärfen, sondern der zwischen dem bürokrati-

sierten Staat und den Menschen, die die Gesellschaft aus-
machen:

»…ich kann nicht glauben, dass die Menschen auf die Dauer resignieren
werden, selbst dann nicht, wenn ein Leben in Überfluss gesichert wäre. Es
wird immer Menschen geben, denen Essen und Trinken nicht genug ist. Die
Geschichte des Menschen ist auch die Geschichte seines Antikonformis-
mus', und das unterscheidet sie von der Naturgeschichte. Im übrigen wird
kein politisches System jemals das persönliche Leid aus der Welt schaffen,
und schon das wird genügen, um die Unruhe im Herzen der Menschen
wach zu halten. Und wenn es nichts anderes geben sollte, so wird die Gewissheit unseres Todes genügen. Kein Wohlstand wird die Menschen auf
Dauer vergessen lassen, wie groß der Gegensatz ist zwischen dem, was sie
erstreben, und der Vergänglichkeit des Lebens.«[149]

Heute, in einer Zeit, in der Sozialleistungen beschnitten werden, die Globalisierung alle Märkte erreicht und das Kapital
frei flottiert, erweist sich der Antagonismus zwischen dem bü-
rokratisierten Staat und Bürgern als nicht so bestimmend für
die geschichtliche Entwicklung, wie Silone es vermutete. Sein
Plädoyer für Freiheit, Verantwortung und Selbstbestimmung
verliert jedoch nicht an Aktualität.

Die kulturelle Freiheit der CIA

Die Urfassung seiner »Gedanken zum Fortschritt« hatte Silone in *Tempo presente* im Rahmen einer Debatte zum Thema
veröffentlicht. Inzwischen macht ihm die Zeitschrift nicht nur
finanzielle Sorgen. Die *New York Times* veröffentlichte im
April 1966 einen Artikel, in dem die Finanzierung des Kongresses für kulturelle Freiheit und seiner Zeitschriften durch
die CIA nachgewiesen wurde. Empörung und Entsetzen
machte sich bei jenen Mitgliedern breit, die sich hintergangen
fühlen konnten. Vielleicht auch Selbstvorwürfe angesichts
der eigenen fahrlässigen Unwissenheit. War nicht einer der

ständigen (und berechtigten) Vorwürfe gegen die Kommunisten und ihre Sympathisanten gewesen, dass sie das nicht hatten wissen wollen, was doch zu wissen gewesen wäre?

Silone muss besonders tief getroffen gewesen sein. Jahrelang hatte er bei seiner beharrlichen aufklärerischen Arbeit allein sein moralisches Gewicht und seine Unabhängigkeit in die Waagschale geworfen. Selbst wenn die von ihm propagierten Inhalte nichts von ihrer Gültigkeit verloren hatten, so stand er doch plötzlich als Handlanger dubioser Interessen dar.

Er fährt zu einer Krisensitzung nach Paris. Dort ist wenig zu retten. Silone gehört jedoch nicht zu jenen, die schnell aufgeben. Als im September 1967 eine neue unabhängige »International Association for Cultural Freedom« gegründet wird, ist er mit dabei. Erst 1970 zieht er sich zurück, er hält den Wiederbelebungsversuch für gescheitert.

Obwohl Silone und Chiaromonte zeitweise für die mit ihren tausend Abonnenten malade *Tempo presente* mit einer kleinen Unterstützung des Verlags Bompiani rechnen können, ist die Zeitschrift nicht mehr zu halten und muss 1968 eingestellt werden. Silone fehlt es auch fortan nicht an Publikationsmöglichkeiten, doch das Ende dieser Zeitschrift, in der er Debatten (auch über ›antiamerikanische‹ Themen wie den Vietnamkrieg) organisieren und ihm wichtige Probleme auf die Tagesordnung setzen konnte, markiert für ihn das Ende einer Epoche.

Die Anerkennungen, die ihm zuteil werden – der Ehrendoktor der Universitäten Yale, Toulouse und Warwick, mehrere Literaturpreise, darunter der Super Campiello in Venedig und der Jerusalem-Preis[150], – erreichen einen Mann, der sich zunehmend aus der Öffentlichkeit zurückzieht.

»Das Abenteuer eines armen Christen«

Seit 1966 arbeitet Silone an einem neuen Projekt, das ihn wieder seiner heimatlichen Region nahe bringt. Er reist durch die Abruzzen, von Dorf zu Dorf, von Kirche zu Kirche, bringt lange Zeit in Klöstern zu, arbeitet in den Bibliotheken. Er bewegt sich auf den Spuren von Pietro del Morrone, der als Celestino (Cölestin) V. im 13. Jahrhundert für kurze Zeit Papst war, dann aber die Macht abgab, um wieder im Sinne des Evangeliums leben zu können. Angeregt von der Geschichte dieses Mannes schreibt er das Drama *L'Avventura d'un povero cristiano*.

Die Wahl der dramatischen Form erlaubt Silone, die Auseinandersetzung darüber, ob ein christliches Leben in der Kirche zu verwirklichen sei, losgelöst von Beschreibungen und sonstigem erzählerischen Beiwerk im Dialog zu führen. Er verzichtet auch bewusst auf eine Charakterisierung der Personen durch die Sprache, auf die Heraushebung von Bildungsunterschieden etc. – Es handelt sich um ein Lehrstück jener Art, die bei uns heute oft mit dem abwertend gemeinten Begriff ›Schulfunk‹ bedacht wird. Zu Beginn des Stückes wirkt die Vermittlung der Informationen im Dialog etwas ungelenk, und man fragt sich, warum Silone nicht lieber einen seiner geschliffenen literarischen Essays zum Thema geschrieben hat. Doch dieser Eindruck verliert sich, je mehr die Gestalt von Celestino Konturen gewinnt, das gedankliche Umfeld sich in den Nebenfiguren artikulieren kann.

Der erste Akt dient der Einführung in die historische und theologische Problematik. Siebzig Jahre nach Franz von Assisi verfolgt die offizielle Kirche bereits diejenigen, die außerhalb der großen Klöster seiner Lehre von einem Leben in Armut und Demut folgen wegen des Verdachts der Häresie. In Sulmona werden ein paar dieser Mönche erwartet, die den Eremiten Pietro besuchen wollen. Aus ihren Gesprächen gewinnt der Zuschauer – nach Silones bewährter Art der Exposition – ein Bild dieses außergewöhnlichen Mönchs, bevor dieser selbst auftritt und so freundlich wie bestimmt die Ordnungshüter verscheucht. – Die Nachricht von der Papstwahl (Resultat eines überraschenden Kompromisses zwischen gegnerischen Lagern) wirkt verstörend auf den Gewählten, erfüllt jedoch diejenigen, die ihn verehren, mit Hoffnung und Jubel. Trotz seiner Skrupel stellt sich Celestino schließlich der Herausforderung.

Der zweite Akt zeigt uns den neugekürten Papst im Zentrum der Macht. Sein Versuch, er selbst und ein Vorbild an Einfachheit zu bleiben, macht ihn dort bald zum Gespött. Er muss einsehen, dass sein Wunsch, die Kirche auf diese Weise zu reformieren, naiv war, dass er Fehler gemacht hat. Hilflos steht er dem Verwaltungsapparat gegenüber, eine eigene Maschinerie, die immer nur Unterschriften von ihm verlangt. Als ihm klar wird, was für Unsäglichkeiten er mit seiner Unterschrift bekräftigen soll, verweigert er sich, ebenso wie er die Segnung des königlichen Heeres verweigert. Auch die eigenen Ordensbrüder, die nun an Reichtum und Macht partizipieren wollen, enttäuschen ihn.

Höhepunkt des Aktes ist der Dialog zwischen Celestino und Kardinal Caetani. Die objektiven Widersprüche, die eine Amtsführung, wie Celestino sie sich erträumt hatte, unmöglich machen, treten nun klar hervor. Die Kirche ist als Institution derart in das Geflecht der Politik verwoben, dass die Ideen des Evangeliums darin nur noch als Herrschaftsideologie Platz haben. Deutlich zieht Silone hier die Parallelen zwischen dem päpstlichen Rom und dem kommunistischen Moskau. In beiden Fällen sind die ursprünglichen Ideale zugunsten der ›Einheit‹, also der Macht verraten worden. Es ist interessant, wie der Autor hier auf der Folie eigener Erfahrungen im 20. Jahrhundert Ereignisse aus dem 13. Jahrhundert interpretiert.

Papst Celestino, der sich außerstande sieht, diese Mechanismen zu durchbrechen, dankt ab, um wieder dem Evangelium gemäß leben zu können. Doch genau das bleibt ihm verwehrt. Der dritte Akt zeigt ihn als Verfolgten. Die konkurrierenden Strömungen in der Kirche beanspruchen ihn für sich und machen auf ihn Jagd. Eine Weile lang kann er sich mit seinen Getreuen auf der Halbinsel Gargano verstecken und eine Art Untergrundorganisation seines Ordens aufbauen. Dann spürt ihn sein Nachfolger, Bonifatius VIII., auf und lässt ihn in seine Residenz in Anagni verschleppen. Celestino lenkt nicht ein und kommt daraufhin in den Kerker.

»Vermutlich werden sie ihm erneut einen Kompromiss anbieten. Sicherlich wird er ihn ablehnen. Folglich, fürchte ich, werden sie ihn töten … Und dann, dann werden sie ihn zum Heiligen machen. Versuchen wir nicht, zu verstehen. Das Schicksal gewisser Heiliger zu Lebzeiten gehört zu den dunkelsten Mysterien der Kirche.«

So sieht der Ordensbruder Fra Tommaso am Ende des Dramas die Entwicklung voraus.

Wie in der Politik stellt sich die Frage, was tun? Das Reich Gottes auf Erden, wie es der von Celestino (und Silone) verehrte Gioacchino da Fiore (1130–1202) für die nahe Zukunft prophezeit hatte (und das in jedem Vaterunser beschworen wird), scheint fern zu sein. Tatsächlich jedoch – so Silones Überzeugung – ist es in nuce in jenen Menschen enthalten, die gemeinsam nach den Grundsätzen der Barmherzigkeit, der Freiheit und des Friedens leben, die dieses Gottesreich kennzeichnen sollen.

Das löst jedoch nicht den Widerspruch, der Silones gesamtes Werk durchzieht: Die Organisationen degenerieren zu Machtapparaten, aber die Revolte erfordert Organisation – selbst der verfolgte Eremit und seine Ordensbrüder können darauf nicht verzichten.

Die italienische Kritik feiert dieses Stück fast einmütig als

Quintessenz von Silones schriftstellerischem Schaffen. Das Drama wird in Pisa, Ancona, Mailand und Rom aufgeführt; der Bayerische Rundfunk produziert 1971 ein zweiteiliges Fernsehspiel. Das Stück bietet im Übrigen besonders in der katholischen Kirche Anlass und Stoff zur Diskussion. Selbst die vatikanische Presse beschäftigt sich ausführlich mit Silones *Abenteuer* und zeigt ihre Genugtuung darüber, dass dieser bislang als grimmig antiklerikal bekannte Autor ein zutiefst religiöses Werk geschrieben hat. Die Rezensenten fühlen sich allerdings dazu aufgerufen, die Institution (der von Jesus gewollten) Kirche zu verteidigen. Sie betonen deren notwendigen Doppelcharakter als spirituelle Gemeinschaft und irdische Organisation. Silones These, Missstände und Degenerations-Erscheinungen seien weniger auf die Natur des Menschen als auf die Struktur der Apparate zurückzuführen, wird theologisch zu widerlegen versucht: durch die Erbsünde trage der Mensch den Keim des Bösen in sich, der zu solchen Fehlentwicklungen führen könne.[151]

Die milde Rezeption von Seiten der Kirche hängt auch damit zusammen, dass seit Johannes XXIII. und dem II. Vatikanischen Konzil in Rom ein neuer Wind weht. Silone begrüßt die Reformen in der Kirche, ohne deshalb jedoch in ihren Schoß zurückkehren zu wollen, wie er in »Was bleibt«, dem essayistischen Vorwort zu dem Drama, ausführt.

Erstaunlicherweise trifft dieses Stück mit seiner scheinbar so entlegenen Thematik in gewisser Weise durchaus den Geist der Zeit. Der aufflammende Jugendprotest sowie die in ganz Europa sich formierende außerparlamentarische Opposition richten sich ja gegen Phänomene, denen Silones Kritik schon seit langem gilt: dogmatische Verkrustung, eine nur formale Demokratie, Korruption, Machtpolitik, Establishment, Konsumterror, Entfremdung. Dagegen werden konkrete Utopien gesetzt, love and peace beschworen.

Silone begleitet die 68er Revolte mit Sympathie:

»Die heutigen Studentenaufstände erinnern mich an die ersten Kämpfe, die ich in der sozialistischen Jugend noch während des ersten Weltkriegs ... auf der Piazza Esedra mitgemacht habe. Auch wir haben – mit anderen Formeln – die alte Gesellschaft von Grund auf in Frage gestellt ... Dass es in uns, neben einem großen Enthusiasmus, auch sehr viel Naivität und Wirrköpfigkeit gab, kann man nicht abstreiten: wir haben dafür zahlen müssen.«[152]

Bei einer anderen Gelegenheit warnt er vor übertriebenen Reaktionen des Staates auf radikale Forderungen: »Die Demokratie hat die Pflicht, Utopien ernst zu nehmen.«[153] Weniger Verständnis hat er dafür, dass die Jugendlichen sich an Lenin, Mao oder Castro orientieren.

Die Niederschlagung des Prager Frühlings bestätigte einmal mehr Silones Überzeugung von der Nicht-Reformierbarkeit des zentralistischen Ostblock-Kommunismus. Nichtsdestotrotz hatte er die Entwicklungen in der Tschechoslowakei mit Hoffnungen begleitet. Sein Aperçu, das letzte Gefecht werde einmal zwischen Kommunisten und Exkommunisten (nicht Kapitalisten) stattfinden, hat sich so nicht bewahrheitet. Die Implosion der sozialistischen Staaten nach dem Fall der Berliner Mauer, den er nicht mehr miterlebte, hat jedoch manche seiner Analysen bestätigt. Ob seine Befriedigung von Dauer gewesen wäre, ist allerdings zu bezweifeln. Denn von dem Neuanfang hätte er sich bestimmt mehr und anderes erwartet. »Das westliche System kann kein gültiges Modell für den Postkommunismus sein«, sagte er 1969 in einer Diskussion mit Milovan Djilas.[154]

Silone schreibt immer seltener Artikel, aber er gibt ab und zu Interviews, in denen er zeigt, dass er, obwohl zurückgezogen lebend, regen Anteil am politischen Geschehen nimmt. Und er ist nach wie vor dabei, wenn es darum geht, Unrecht aufzudecken. Zusammen mit Heinrich Böll rollt er in einer *Panorama*-Sendung den Fall des Münchner Bischofs Defregger auf, der während des Krieges für die Erschießung von siebzehn italienischen Geiseln verantwortlich gewesen war.

Silones siebzigster Geburtstag gibt nicht nur der italienischen Presse Anlass, den Autor und Moralisten breit zu würdigen. Vergessen scheinen die Zeiten, in denen er ein Stein des Anstoßes war. Dabei sind seine Thesen nicht harmloser geworden – aber keiner fühlt sich mehr davon provoziert. Nationale und internationale Ehrungen häufen sich. 1971 wird er in Paris für sein Gesamtwerk geehrt und bekommt vom italienischen Ministerrat die Goldene Feder verliehen. Als erster Italiener erhält er den Schweizer Gottfried-Keller-Preis. Im Januar 1973 wird er in die Légion d'honneur aufgenommen und 1974 zum Ritter des Großen Verdienstkreuzes der italienischen Republik ernannt.

Silone zieht solchen Ehrungen und den damit verbundenen gesellschaftlichen Ereignissen die Ruhe seiner Wohnung vor, in der er gerne junge Leute empfängt, die über sein Werk arbeiten oder sich von ihm Rat holen. Größere Ausflüge fallen ihm immer schwerer, und er beklagt sich darüber, dass seine Schaffenskraft nachlässt. Jahrzehntelang hat er, seiner schwachen Gesundheit zum Trotz, ein anstrengendes, oft hektisches Leben geführt. Nun ist er ein alter, kranker Mann, der sich im Fernsehen gerne ein Fußballspiel oder am Sonntag um elf die Messe ansieht. Wenn seine Kräfte es ihm erlauben, geht er wie in seiner Jugend in eine Kirche und meditiert. Es bleibt bei dem Wunsch, noch zwei große Essays über Martin Buber und Antonio Gramsci zu schreiben. Mit letzterem hat Silone sich zwar wiederholt auseinandergesetzt, aber nur in Hinsicht auf bestimmte politische Thesen; das wirkt befremdlich, da Gramsci doch eng mit einer Phase seines Lebens verbunden ist. Vielleicht bestand eine psychische Barriere, sich näher mit ihm zu beschäftigen, da Gramsci ein ähnliches Schicksal wie Bruder Romolo hatte. Beide litten unter der faschistischen Haft, als Silone den Bruch mit den Kommunisten vollzog.

Zur Erholung fährt seine Frau Darina wiederholt mit ihm nach Fiuggi. Beglückt berichtet er 1977 davon, dass er wieder zu arbeiten begonnen habe – *Severina*, ein kurzer Roman, sein letzter, den müsse er noch schaffen.

Nach einem leichten Schlaganfall kann Silone längere Zeit nicht mehr schreiben. Er kommt in eine römische Klinik, dann nach Hause und erholt sich nur mühsam. Darina sorgt dafür, dass er in einer Klinik in Genf aufgenommen wird, wo er langsam so weit zu Kräften kommt, dass er sich wieder an die Arbeit an seinem Manuskript machen kann, auch befreundeten Journalisten zwei Interviews gibt. François Bondy, der ihn besuchen kam, ist frappiert von dem »Gegensatz zwischen der kaum hörbaren Stimme und dem alterslosen Gesicht mit fast schelmischem Mienenspiel.«[155] – Ein politisches Ereignis verfolgt Silone noch erschüttert am Fernseher: die Entführung Aldo Moros durch die Roten Brigaden.

Am 18. August 1978, erzählt Darina, will Silone sich nicht von dem Krankenhausrhythmus beim Schreiben unterbrechen lassen. Fieberhaft füllt er Seite um Seite, dann setzt er sich aufrecht hin und sagt: »Maintenant c'est fini. Tout est fini. Je meurs.«[156] Nach einem Gehirnschlag fällt er in ein tiefes Koma. Vier Tage später ist er tot.

»Severina«

Darina Silone hat die Geschichte von *Severina* als Geschichte eines Wettlaufs mit dem Tode erzählt. Als letzten Liebesdienst brachte sie das unvollendete Manuskript anhand der hinterlassenen Notizen und dem, was ihr aus Gesprächen bekannt war, in eine druckbare Fassung. In einem Nachwort merkt sie an, wo Eingriffe oder Ergänzungen stattgefunden haben. Man kann jedoch den »Romanzetto« (das Romänchen), wie Silone ihn bezeichnete, durchaus als ›echten‹ Silone bezeichnen, selbst wenn der Autor stilistisch und inhaltlich noch daran gefeilt hätte. Gedankengang und Handlungsführung –

worauf es ihm stets am meisten ankam – sind klar erfass-
bar.

Zum ersten Mal hat Silone eine Frau zu seiner Heldin gemacht. Schwester Severina ist eine junge Nonne, Lehrerin in
einer Klosterschule. Zufällig wird sie Zeugin eines Übergriffs
der Polizei, bei dem ein junger Arbeiter ums Leben kommt.
Die offizielle Version des Tatverlaufs entspricht nicht den tatsächlichen Ereignissen. Severina soll in der Gerichtsverhand-
lung diese falsche Version bezeugen. Aus Opportunitätsgrün-
den rät ihr sogar die Oberin dazu. Severina ist entsetzt
darüber, dass sie lügen soll. Sie sagt die Wahrheit aus und zieht
sich damit den Zorn der Oberin zu. Eine schwere Lungenent-
zündung ist Ausdruck der Glaubenskrise, in der sich die junge
Nonne befindet – so wie ihre langsame Genesung Ausdruck
der inneren Läuterung und der neugetroffenen Entscheidung
ist: Sie will nur noch ihrem Gewissen gehorchen und die Suche nach Wahrheit zu ihrem Lebensziel machen; bei dieser
Suche hofft sie Christus wiederzufinden. Silone verewigte in
dieser Geschichte auch die von ihm verehrte Simone Weil der
Attente de Dieu. »Der erste Stellvertreter Christi auf Erden ist
das Gewissen«[157], sagt Severina zu Don Gabriele, dem Pfarrer
des Ortes, der ihre Glaubenszweifel teilt.

Severina verlässt den Orden, kehrt zu ihrem Vater zurück
und versucht, sich wieder in das weltliche Leben einzuglie-
dern. Eine Anstellung als Lehrerin zu bekommen, erweist sich
als schwierig, da sie als subversives Element gilt. In Sulmona
trifft sie auf eine Gruppe Schüler, die eine Demonstration von
Arbeitslosen aus dem Fucino unterstützen will. Severina
möchte ihre Solidarität zum Ausdruck bringen und schließt
sich der Kundgebung an, bei der sie durch einen unglücklichen Zufall von einer Kugel der Carabinieri getroffen wird.
Im Krankenhaus hat man keine große Hoffnung, sie durchzubringen. Severinas letzte Worte aber sind: »Mir bleibt die
Hoffnung.«

Severina ist als Silones politisches Testament interpretiert worden. Tatsächlich fasst es noch einmal seine Gedanken darüber zusammen, wie das Leben angesichts der Entscheidungen zu führen sei, vor die uns die gesellschaftliche Wirklichkeit stellt, und vermittelt abermals seinen grundsätzlichen, in der Natur des Menschen wurzelnden Optimismus. Allerdings muss beachtet werden, dass gerade Kapitel 4 und 8, in denen Severina einmal Don Gabriele, das andere Mal dem Vater gegenüber ihre neugewonnenen Überzeugungen formuliert, im Original unvollständig waren und entscheidend von der Witwe ergänzt worden sind.[158]

Das ändert jedoch nichts daran, dass wir auch hier sehen, wie Silone mittels seiner Helden die eigenen Erfahrungen, Entscheidungen und Ziele jeweils in neuem, aber doch strukturell ähnlichem Kontext durchspielt. Es ist bemerkenswert, was für unterschiedliche Gestalten dieser indirekten Identifikation dienen: vom zweifelnden Kommunisten über den revolutionären Lehrer bis zum Papst oder der Nonne. Ihnen allen ist jedoch gemeinsam, dass sie mit ihren Idealen in Widerspruch zur gesellschaftlichen Realität geraten und – zumindest nach außen hin – scheitern. Aber ihre Geschichten verführen nicht zu Fatalismus oder Pessimismus, es ist eher eine Philosophie des ›und dennoch‹, die sie propagieren, indem sie an Werten festhalten, die unverzichtbar für eine lebenswerte Zukunft sind.

»Wenn es in meiner Macht stünde, die geschäftlichen Gepflogenheiten im literarischen Betrieb zu ändern, würde ich gern mein Leben damit verbringen, immer dieselbe Geschichte zu erzählen, in der Hoffnung, dass ich sie am Ende vielleicht verstehen und verständlich machen könnte. So wie es im Mittelalter gewisse Mönche gegeben hat, die ihr Leben lang das Angesicht des Heilands malten, immer wieder das gleiche Gesicht – und doch nie dasselbe.«[159]

Genau das hat Ignazio Silone getan.

Ein Ende der Geschichte ist in seinem Weltbild schon deshalb nicht vorgesehen, weil eine Aufgabe der Utopie von einem friedlichen Reich der Freiheit, Wahrheit, Brüderlichkeit und Gerechtigkeit für Silone undenkbar ist. Seine Solidarität gilt all jenen, die vom Mangel an diesen Werten betroffen sind. Diese Haltung entsprach in den letzten Jahren nicht unbedingt dem Zeitgeist. Genau sie ist es aber, die Silones Werk immer wieder neue Leser zuführen wird. Der Begriff des Moralisten, oft für ihn bemüht, ist sicher nicht falsch. Er könnte jedoch Assoziationen wecken, die auf Silone nicht zutreffen. Weder war er ein Eiferer, noch ein abgeklärter Beobachter, der das Treiben der Welt evaluierte. Der etwas paradox anmutende Titel eines christlichen Aufklärers passt vielleicht besser auf ihn. Eines Aufklärers, der sich gewünscht hatte, dass an seinem Totenbett das Vaterunser gebetet würde. Und der keine religiöse Zeremonie bei seinem Begräbnis wollte.

Die Einäscherung fand in kleinstem Kreise in Genf statt. Die Überführung der Urne nach Pescina war ein nationales Ereignis.

Heute gibt es in Pescina das Centro Studi Ignazio Silone. Archiv und Bibliothek sind in einem ehemaligen Kloster untergebracht, wo auch der Schreibtisch Silones aus seiner römischen Wohnung zu besichtigen ist. Die Stiftung organisiert ein Kulturprogramm für die Region und zum 100. Geburtstag des Dichters internationale Symposien. Der Weg zu Silones Grab am Fuß des Campanile ist nicht weit, »es ist zum Ziel von Studentenpilgerfahrten und Familienspaziergängen geworden, zum Treffpunkt für Verliebte, zum Spielplatz für Kinder. Ich glaube wirklich, dass es ihm gefallen würde.«[160]

Anmerkungen

1 I. S.: Notausgang. KiWi 241. Köln 1991, S. 102. Im Folgenden mit der Sigle »Not« bezeichnet.

2 Ignazio Silone ist einer der vielen Decknamen, die der Autor in der Zeit der politischen Untergrundarbeit und des Exils benutzte, zugleich der Name, unter dem er seinen ersten Roman veröffentlichte. In der Nachkriegszeit hat er ihn legalisiert. Um keine Verwirrung zu stiften, benutzen wir ihn durchgängig.

3 Not, S. 11

4 Vgl. *Der Samen unter dem Schnee*: Die Geschichte der von einem Verwandten beraubten Leiche der Mutter; Faustinas Bericht von der Tante, die sich schon Witwe glaubte, und ihren Mann, der doch nur verletzt unter Trümmern liegt, sterben lässt.

5 Not, S. 38

6 Not, S. 53 f.

7 Vgl. Bruno Falcetto: Cronologia. In: I. S.: Romanzi e Saggi (Gesamtausgabe). Hrsg. von Bruno Falcetto. Milano 1998, Bd. I, S. LXXII. Im Folgenden mit der Sigle »R+S« bezeichnet.

8 I. S.: Der Fascismus. Archiv sozialistischer Literatur. Verlag Neue Kritik 1978 (Reprint der Erstausgabe Zürich 1934), S. 53

9 Vgl. Antonio Ruggeri: Don Orione, Ignazio Silone e Romoletto. Tortona 1981

10 Not, S. 104

11 Zitiert nach Ottorino Gurgo/Francesco de Core: Silone – L'avventura di un uomo libero. Frosinone 1997, S 58 f. Im Folgenden unter der Sigle »G/dC«.

12 Not, S. 109

13 Not, S. 107

14 Not, S. 108

15 Ebda.

16 Zitiert nach G/dC, S. 80

17 In: Fiera Letteraria. Zitiert nach G/dC, S. 80

18 Ebda., S. 85

19 L'Unitá, 2.9.1926

20 Not, S. 110

21 Not, S. 113

22 Brief vom 14.1.65, in: Quaderni Siloniani 1/98

23 Zitiert nach G/dC, S. 104

24 Not, S. 124

25 »Ich befinde mich am entscheidenden Punkt meiner Gewissenskrise, die nur einen einzigen Ausweg zulässt: die völlige Aufgabe der aktiven politischen Arbeit.« Zitiert nach G/dC, S. 187

26 Nuova storia contemporanea, Januar/Februar und Mai/Juni 1999; Giuseppe Tamburrano, in: L'indice dei libri del Mese, Sept. 99

27 Not, S. 138

28 Darina Silone im Anhang zu I. S.: Severina. Mailand 1981

29 Vgl. I. S.: Angelo Tasca. Tempo presente Sept./Okt. 62, in: R+S Bd. 2, S. 1321

30 Zu den Ereignissen des Jahres 1930 siehe auch G/dC, die das Archiv der PCI für ihre Darstellung ausgewertet haben.

31 Zitiert nach G/dC, S. 165

32 P. Togliatti: Contributo alla psicologia di un rinnegato. In L'Unitá, 6.1.50

33 Zitiert nach G/dC, S. 178

34 Not, S. 141

35 »Schmerzliche Heimkehr«, in: Not, S. 211

36 Vorwort zu der neuen Ausgabe, in: I. S.: Fontamara. Köln 1962

37 In: Paolo Cucciarelli: Ignazio Silone in Svizzera. Zitiert nach G/dC, S. 193

38 Ebda.

39 Gehalten in Zürich 1937, in: R+S., Bd. I, S. 1343

40 I. S.: Fontamara. KiWi 447. Köln 1997, S. 12 f. In der Folge mit der Sigle »FONT« bezeichnet.

41 FONT, S. 17

42 Ebda.

43 Ebda.

44 FONT, S. 32

45 Vgl. Karl Marx: Die Frühschriften (Deutsche Ideologie). Hrsg. von S. Landshut. Stuttgart 1953, S. 395

46 Carlo Levi trifft in den Erinnerungen an seine Verbannung in ein süditalienisches Dorf eine ähnliche Diagnose: »Der Staat ist eine Form dieses (feindlichen) Schicksals wie der Wind, der die Ernten versengt, und das Fieber, das im Blut wühlt.« In: Christus kam nur bis Eboli, dtv, 14. Aufl. München 1997, S. 70

47 FONT, S. 171

48 FONT, S. 172

49 FONT, S. 204

50 FONT, S. 215

51 Antonio Gramsci: Gedanken zur Kultur. Hrsg. von Guido Zamiš. Leipzig 1987, S. 9

52 Zitiert nach Luce d'Eramo: L'opera di Ignazio Silone. Mondadori, Mailand 1971, S. 60. In der Folge mit der Sigle »Ld'E« bezeichnet.

53 In: Tagesanzeiger, Zürich, März 1933. Zitiert nach Ld'E, S. 18

54 Über die Finanzierung hat Arthur Koestler eine andere Version vermittelt: Der Pelzhändler Bernhard Mayer habe die Summe vorgestreckt. Vgl. Ld'E, S. 19

55 Franca Magnani: Eine italienische Familie. Köln 1990, S. 135

56 Sie soll auch den Pelzhändler Mayer für die Finanzierung des Drucks von Fontamara gewonnen haben. Ob es tatsächlich zu dessen Einsatz gekommen ist, ist nicht klar. Vgl. G/dC, S. 212

57 In: Peter Kamber: Geschichte zweier Leben – Wladimir Rosenbaum & Aline Valangin. Zürich 1990, S. 99

58 Ebda., S. 100

59 A. V.: Interview mit mir selbst. Zitiert nach Peter Kamber aus der Ergänzung für die Neuauflage seines 1990 publizierten Buchs, s. Anm. 57 (erscheint Frühjahr 2000)

60 Vgl. Magnani, a. a. O., S. 146 f.

61 Luce d'Eramo hat in »L'opera di Ignazio Silone« akribisch die Publikationen, Übersetzungen und die Rezeption von Silones Werken aufgearbeitet.

62 Der Wiener Europa Verlag war in der Nazizeit ganz nach Zürich übergewechselt und kooperierte mit Oprecht.

63 Der Fascismus, a. a. O., S. 284 f.

64 Bei späteren Übersetzungen, z. B. der dänischen, ist eine sechste Erzählung, »Tragisches Idyll«, hinzugefügt.

65 I. S.: Viaggio a Parigi (novelle inedite). A cura e con introduzione di Vittoriano Esposito. Traduzione di Silvia Carusi e Karin Wiedemeyer Francesconi. Centro Studi Siloniani, Pescina 1999
Auch von Bruno Falcetto in die von ihm herausgegebene Gesamtausgabe aufgenommen, hier allerdings in der Rückübersetzung von Umberto Colla. R+S, Bd. I. Hier erfährt man auch Näheres über die Einzelpublikationen in Zeitschiften.

66 1974 gekürzt und überarbeitet unter dem Titel *Vita e morte d'un uomo semplice* in der Zeitschrift *Oggi e Domani* veröffentlicht.

67 Die von Silone im Nachhinein aufgestellte Chronologie stimmt nicht ganz. B. Falcetto hat nachgewiesen, dass der Autor die Fertigstellung des Manuskripts vielmehr bis zum tatsächlichen Ausbruch des Abessinien-

kriegs, den er voraussah und im Roman behandelte, hinausgezögert hat. R+S, Bd. I, S. 1499

68 Vorwort zur amerikanischen Ausgabe, zitiert nach G/dC, S. 233

69 I. S.: Wein und Brot. KiWi 55, 15. Aufl. Köln 1998, S. 27 (in der Folge mit der Sigle »W+B« bezeichnet).

70 W+B, S. 29

71 W+B, S. 42

72 Zitiert nach A. Gasbarrini, A. Gentile: Silone tra L'Abruzzo e il mondo. L'Aquila 1979, S. 213 f.

73 Maria Nicolai Paynter: Simbolismo e Ironia nella narrativa di Silone. L'Aquila 1992

74 W+B, S. 60 f.

75 W+B, S. 107

76 W+B, S. 202 f.

77 W+B, S. 220

78 W+B, S. 246

79 Silone gestaltet und erklärt hier genau die Art von Verstrickung, die einige Historiker jetzt bei ihm selbst vermuten.

80 W+B, S. 317 f.

81 Vgl. S. 84 sowie die ›Anmerkung des Autors‹ in W+B, S. 321

82 Vgl. Ld'E, S. 141

83 Brief aus dem Jahre 1937 an Harper and Brothers, New York. Zitiert (und leider aus dem Italienischen übersetzt) nach Ld'E, S. 156

84 Alger Républicain, 23.5.39, zitiert nach R+S, Bd. I, S. 1502

85 I. S.: Le Nuove edizioni di Capolago e gli anni di guerra. In: Egidio Reale e il suo tempo. La nuova Italia 1961. Zitiert nach R+S, Bd. II, S. 1177

86 Originaltitel: La scuola dei ditattori. Deutsch unter dem Titel »Die Schule der Diktatoren« und »Die Kunst der Diktatur« erschienen.

87 I. S.: Die Kunst der Diktatur. Köln/Berlin 1965, S. 9

88 In I. S.: Incontri con Musil. Fiera letteraria 13.12.64. In R+S, Bd. II, S. 1337

89 Ebda., S. 1347

90 Brief des Armeekommandos/Sektion Buchhandel an Dr. Oprecht vom 11.4.42 (Zentralbibliothek Zürich, Handschriftenabteilung, Ms. Oprecht 14.24): »… zieht der Autor den italienischen Staat ins Lächerliche … kommen die Würdenträger des Staates und der Partei ausnahmslos ungünstig weg.« Nach solchen allgemeinen Beschwerden werden 33 Passagen angeführt, die der Autor ändern soll.

91 I. S.: Der Samen unter dem Schnee. KiWi 326. Köln 1993, S. 75 (Sigle »Sam«)

92 Sam, S. 86

93 Brief an Carl Seelig vom 16.11.41

94 Sam, S. 249

95 Sam, S. 353

96 Sam, S. 430

97 Albert Camus: Der Mensch in der Revolte. Reinbek 1964, S. 22 f.

98 Siehe G/dC, S. 256

99 Partisan Review, Herbst 1939. In: R+S, Bd I, S. 1294 f.

100 Es gab über D. Laracy nicht nur das erwähnte Gerücht, sie sei eine faschistische Spionin, sondern später auch das Gerücht, sie arbeite für den Secret Service. Für beides gibt es keine Belege. Im Schweizerischen Bundesarchiv Bern findet sich (E2001(D);2, Bd. 112 (B.41.13.Irl.)) nur ein Schreiben der Politischen Polizei an Minister Bonna vom 25.6.42, aus dem hervorgeht, dass D. Laracy bereits seit Juni 41 von der politischen Polizei beobachtet, im Juni 42 dann aufgrund eines aufgefundenen Koffers, der u. a. verdächtige Dokumente enthielt (welche, wird nicht ausgeführt), festgenommen wurde. »Wir haben die Beschuldigte eingehend vernommen, aber konkrete Beweise für Spionagetätigkeit konnten bis jetzt nicht ermittelt werden ... wobei wir gezwungen sein werden, die Beschuldigte auf freien Fuß zu setzen.«

101 Darina Silone: Primo Incontro con Silone. In: Gasbarrini/Gentile a. a. O.

102 Not, S. 160 f.

103 Nicht klar ist, ob die Aktion aufgrund eines Berichts von Radio Moskau über die Aktivitäten italienischer Sozialisten in der Schweiz (den der Londoner Rundfunk aufgriff) oder aufgrund von Amtshilfe-Forderungen der faschistischen Polizei oder aber wegen eines Verdachts auf Subversion zustande kam.

104 Bundesarchiv Bern, Staatsanwaltschafts-Dossier »Riccardo Formica«

105 Gabriella Seidenfeld war eine Scheinehe mit einem alten Schweizer Sozialdemokraten eingegangen, um die Aufenthaltserlaubnis zu bekommen.

106 Abhörprotokoll vom 2.2.43, in: Dossier »Riccardo Formica«

107 OSS-Dokumente, National Archives, Washington D. C. (Dank an Peter Kamber, der sie mir zugänglich gemacht hat!). In einem Rechenschaftsbericht von Allen Dulles über die Aktivität seines Berner Büros führt er »475« unter den Unteragenten an, die Geld erhalten haben. Ob es sich dabei um OSS-Gelder oder die oben erwähnten Unterstützungen handelte, geht daraus allerdings nicht hervor.

108 I. S.: I socialisti e la »Massa«. Febr. 44. In: R+S, Bd. I, S. 1305 ff.
109 I. S.: Socialismo umanista. März 44. In: R+S, Bd. I, S. 1312 ff.
110 I. S.: Superare l'antifascismo. Avanti!, 27.10.45. In: R+S, Bd. II, S. 999
111 Europa socialista, Nr. 11, Januar 47
112 Vgl. Fiera letteraria, 3.7.47
113 F. Magnani: Eine italienische Familie, a. a. O., S. 271 f.
114 A. Koestler: The invisible Writing. Zitiert nach G/dC
115 Vgl. R. W. B. Lewis: Introduzione all'Opera di Ignazio Silone. Roma 1961 (USA 1961)
116 F. Stonor Saunders: Who Paid the Piper? The CIA and the Cultural Cold War. London 1999, S. 65
117 L'Unitá, 6.1.1950
118 Vgl. Saunders, a. a. O., S. 72
119 Ebda., S. 75
120 Zum Berliner Kongress vgl. auch Michael Rohrwasser: Vom Exil zum Kongress für kulturelle Freiheit. In: Schriftsteller als Intellektuelle – Politik und Literatur im Kalten Krieg. Hrsg. von S. Hannschek, Th. Hörnigk, Ch. Malende. Tübingen 2000
121 Auch die ersten Nachkriegsveröffentlichungen von Silone in Deutschland wurden derart subventioniert.
122 Saunders, a. a. O., S. 103
123 LdE, S. 80. Luce d'Eramo hat die Silone-Rezeption sowohl in Italien wie auch im Ausland genau recherchiert und kommentiert.
124 Zitiert nach R+S, Bd. II, S. 1518
125 I. S.: Eine Handvoll Brombeeren. KiWi 80, Köln 7. Aufl. 1998, S. 30
126 Ebda., S. 42 f.
127 Womöglich hat Silone hier auch eigene Erfahrungen aus seiner Beziehung mit Gabriella Seidenfeld verarbeitet.
128 I. S.: Eine Handvoll Brombeeren, a. a. O., S. 313
129 Sogar Michael Josselson, der CIA-Mann in der Leitung des Kongresses, schickte ein Telegramm an Eisenhower. Seine Frau erinnert sich: »Michael hielt sie für schuldig, aber man sollte sie nicht exekutieren, weil das so schlechte PR war.« (in: Saunders, a. a. O., S. 184)
130 Not, S. 167
131 Not, S. 185
132 Ebda.
133 Brief an Chiaromonte vom 11.10.55 in: R+S, Bd. I, S. XCIX
134 Ebda.
135 Vgl. Saunders, a. a. O., S. 219

136 Silones Vorstellung, dass Christus immer noch am Kreuz für die Menschheit leidet, Auferstehung und Erlösung also noch ausstehen, findet sich auch in »Der Samen unter dem Schnee«.

137 I. S.: Letteratura e politica. In: Critica Sociale, 20.4.57. Zitiert nach R+S, Bd. II, S. 1249

138 Zur Rezeption vgl. LdE, S. 309 ff.

139 Später in »Notausgang« aufgenommen.

140 Not, S. 199

141 Ebda.

142 Interview in L'Express, 23.1.61

143 Zitiert nach G/dC, S. 466

144 FONT, S. 8 f.

145 Ebda.

146 I. S.: Restare se stessi. In: R+S, Bd. II, S. 1261

147 Der Titelessay war, wie schon erörtert, 1950 in »Der Gott, der keiner war« erschienen.

148 Dabei hatte sich Togliatti selbst schon 1950 zu Silones Darstellung geäußert. Vgl. S. 122

149 Not, S. 289

150 Anlässlich der Verleihung des Preises im März 69 hält Silone eine Aufsehen erregende Rede, in der er für den laizistischen Staat, für religiöse Toleranz und für Verständnis mit den palästinensischen Flüchtlingen wirbt.

151 Luce d'Eramo ist ausführlich auf die katholische Rezeption des Dramas eingegangen, a. a. O., S. 440 ff.

152 L'Avanti!, Januar 1969

153 Zitiert nach G/dC, S. 546

154 Corriere de la Sera, 15.5.69

155 Francois Bondy: Pfade der Neugier – Portraits. Zürich 1988, S. 70

156 I. S.: Severina. KiWi 342. Köln 1994, S. 114

157 Ebda., S. 43 (Severina zitiert hier Kardinal Newman; diese Passage findet sich allerdings nur in der von Darina Silone bearbeiteten Fassung.)

158 Vgl. Abdruck des unvollständigen Originalmanuskripts in R+S, Bd. II, S. 1443 ff.

159 FONT, S. 8 f.

160 Darina Silone, Nachwort zu Severina, a. a. O., S. 120

Chronologisches Verzeichnis der Erstausgaben in italienischer und deutscher Sprache

(in Klammern die auf Deutsch lieferbaren Titel)

Fontamara
Roman
Deutsch von Nettie Sutro-Katzenstein. Verlag Oprecht & Helbling, Zürich (Mai) 1933
Nuove Edizioni Italiane, Paris (November) 1933
Erste Ausgabe in Italien: Faro, Roma 1947
Überarbeitete Fassung: La Medusa degli Italiani XX, Mondadori, Milano 1949
Neuübersetzung von Hanna Dehio. Kiepenheuer & Witsch, Köln 1962 (KiWi 447, 1985)

Il fascismo: origini e sviluppo/Der Fascismus: seine Entstehung und seine Entwicklung
Essay
Deutsch von Gritta Baerlocher. Europa Verlag, Zürich 1934
Italienisch (Rückübersetzung aus dem Deutschen) von Maria Gabriella Canonico, hrsg. von Carlo E. Bazzani, mit einer Einführung von Domenico Susi, Sugarco, Carnago 1992

Un viaggio a Parigi/Die Reise nach Paris
Novellen
Mit einem Nachwort und aus dem Italienischen übersetzt von Nettie Sutro, mit sechs Holzschnitten von Clément Moreau. Oprecht & Helbling, Zürich 1934
Viaggio a Parigi (Novelle). A cura e con introduzione di Vittoriano Esposito. Traduzioni (Rückübersetzung aus dem Deutschen) di Silvia Carusi e Karin Wiedemeyer Francesconi. Centro Studi Siloniani, Pescina 1993

Vino e pane/Wein und Brot
Roman
Brot und Wein. Deutsch von Adolf Saager. Verlag Oprecht, Zürich 1936
Pane e Vino. Nuove Edizioni di Capolago, Lugano 1937
Vino e pane. (überarbeitete Fassung). Narratori italiani 26, Mondadori, Milano 1955

Wein und Brot. Neuübersetzung von Hanna Dehio. Kiepenheuer & Witsch, Köln 1974 (KiWi 55, 1974)

La scuola dei dittatori/Die Schule der Diktatoren
Deutsch von Jakob Huber. Europa Verlag, Zürich – New York 1938
Narratori italiani 102, Mondadori, Milano 1962
Die Kunst der Diktatur. Neuübersetzung von Lisa Rüdiger. Kiepenheuer & Witsch, Köln 1965

Il seme sotto la neve/Der Samen unter dem Schnee
Roman
Deutsch von Werner Johannes Guggenheim. Verlag Oprecht, Zürich –New York 1942 (Auslieferung Dez. 41)
Nuove Edizioni de Capolago 1942
Neuübersetzung von Linde Birk. Kiepenheuer & Witsch, Köln 1990 (KiWi 326, 1993)

Ed egli si nascose/Und er verbarg sich
Drama
Un dramma in quattro atti. Ghilda del libro, Zürich – Lugano 1944
Übertragen von Lotte Thiessing. Schriftenreihe des Schauspielhauses Zürich Nr. 6, Verlag Oprecht, Zürich – New York 1945
Dramma in due tempi (überarbeitete Fassung), Cino del Duca – Le Edizioni Mondiali, Milano 1966

Una manciata di more/Eine Handvoll Brombeeren
Roman
La Medusa degli italiani LXIX, Mondadori, Milano 1952
Deutsch von Hanna Dehio. Kiepenheuer & Witsch, Köln 1961 (KiWi 80, 1985)

Il segreto di Luca/Das Geheimnis des Luca
Roman
Narratori italiani 38, Mondadori, Milano 1965
Deutsch von Fritz Jaffe. Kiepenheuer & Witsch, Köln 1957 (KiWi 172, 1988)

La volpe e le camelie/Der Fuchs und die Kamelie
Roman

Narratori italiani 73, Mondadori, Milano 1960
Deutsch von Hanna Dehio. Kiepenheuer & Witsch, Köln 1960 (KiWi 115, 1986; Wagenbach Taschenbücher 301, Berlin 1997)

Uscita di sicurezza/Notausgang
Valecchi, Firenze 1965
Deutsch von Hanna Dehio, Kiepenheuer & Witsch, Köln 1966 (KiWi 241, 1998)

L'avventura d'un povero cristiano/Das Abenteuer eines armen Christen
Narratori italiani 168, Mondadori, Milano 1968
Deutsch von Hanna Dehio. Kiepenheuer & Witsch, Köln 1966

Memoriale del carcere svizzero
A cura di Lorenzo Mercuri. Lerici, Cosenza 1979

Severina
(unvollendeter Roman)
A cura di Darina Silone, presentazione di Geno Pampaloni. Scrittori italiani e stranieri, Mondadori, Milano 1981.
Deutsch von Ragni Maria Gschwend. Mit einem Vorwort von Elke Heidenreich und einem Nachwort von Darina Silone. Kiepenheuer & Witsch, Köln 1994 (KiWi 342, 1998)

Gesamtausgabe

Ignazio Silone: Romanzi e saggi. A cura e con un saggio introduttivo di Bruno Falcetto. I Meridiani, Mondadori 1998 (Volume I), 1999 (Volume II)

Sekundärliteratur

(Aufgenommen sind nur die Werke, die tatsächlich in die vorliegende Arbeit eingegangen sind; eine umfassende Bibliographie ist in der von B. Falcetto herausgebenen Gesamtausgabe enthalten.)

François Bondy: Pfade der Neugier. Portraits. Zürich 1988

Albert Camus: Der Mensch in der Revolte. Reinbek/Hamburg 1953

C. Chiellino/F. Marcchio/G. Rongoni: Italien. München 3. Aufl. 1995

Luce d'Eramo: L'opera di Ignazio Silone. Milano 1972

Luce d'Eramo: Ignazio Silone. Rimini 1994

Vittoriano Esposito: Ignazio Silone – la vita, le opere, il pensiero. Roma 1979

Bruno Falcetto: Introduzione/Cronologia. In: I. S.: Romanzi e Saggi. Milano 1998

A. Gasbarrini/A. Gentile: Silone fra l'Abruzzo e il mondo. L'Aquila 1980

Diocleziano Giardini: I. S. – Cronologia della vita e delle opere. L'Aquila 1999

Paolo Ginsburg: Storia d'Italia dal dopoguerra ad oggi. Torino 1989

Antonio Gramsci: Gedanken zur Kultur. Hrsg. von Guido Zamiš. Leipzig 1987

O. Gurgo/F. de Core: Silone – L'avventura di un uomo libero. Frosinone 1997

Franca Magnani: Eine italienische Familie. Köln 1990

Andrea W. Mytze: Ignazio Silone. Genese, Rezeption, Ideologie. Europäische Ideen, Berlin 1976

Peter Kamber: Geschichte zweier Leben – Aline Valangin & Wladimir Rosenbaum. Zürich 1990

M. N. Paynter: Simbolismo e ironia nella narrativa di Silone. L'Aquila 1992

Gisella Padovani: Letteratura e socialismo. Saggi sa Ignazio Silone. Catania 1982

Neil H. Petersen: From Hitler's Doorstep. The Wartime Intelligence Reports of Allen Dulles 1942–1945. Pennsylvania State University Press 1966

Frances Stonor Saunders: Who Paid the Piper? The CIA and the Cultural Cold War. London 1999

Schriftsteller als Intellektuelle – Politik und Literatur im Kalten Krieg. Hrsg. von S. Hannschek, Th. Hörnigk, Ch. Malende. Tübingen 2000

Lebensdaten von Ignazio Silone

1900	am 1. Mai als Secondino Tranquilli geboren.
1911	Tod des Vaters.
1915	Zerstörung von Pescina durch Erdbeben. Tod der Mutter. Begegnung mit Don Orione. Internat in Rom. Nach der Relegierung Internat in San Remo.
1916	Internat in Reggio di Calabria.
1917	Arbeit für die Bauern-Lega. Schulabbruch. Umzug nach Rom.
1918–20	Eintritt in die Sozialistische Jugend. Journalistische und politische Arbeit.
1921	Mitbegründer der Kommunistischen Partei. Gabriella Seidenfeld. Erste Moskaureise. Redakteur bei »Il Lavoratore« in Triest.
1922–24	Wird nach Mussolinis Machtergreifung ins Ausland geschickt. Berlin – Spanien – Paris. Journalistische Arbeit für linke Zeitungen, Gefängnisaufenthalte in Madrid, Barcelona und Paris.
1925–26	Ausweisung nach Italien. Illegale Parteiarbeit, Presse und Propaganda. Mitglied im Zentralkomitee und Politbüro.
1927	Flucht in die Schweiz. Moskauaufenthalt – Trotzki-Krise.
1928	Antifaschistische Arbeit. Festnahme des Bruders Romolo.
1929–30	Lungenkrank in Davos. Arbeit an »Fontamara«.
1931	Ausschluss aus der Kommunistischen Partei. Er lebt in Zürich. Liebesaffäre mit Aline Valangin.
1932	Gründung der Zeitschrift »Information«. Tod des Bruders im Gefängnis.
1933	Der Roman »Fontamara« erscheint in Zürich.
1934	Erzählungsband »Die Reise nach Paris«. Gründung der Internationalen Buchhandlung in Zürich. »Der Fascismus«, Essay.
1935	Gründung der Nuove Edizioni di Capolago. »Brot und Wein«, Roman.
1941	Gründung des Centro Estero der Sozialisten in Zürich. Silone als Leiter. Journalistische Arbeit für »L'Avvenire dei lavoratori«. Er lernt Darina Laracy kennen. »Der Samen unter dem Schnee«, Roman.
1942	Silone wird von der Schweizer Polizei wegen illegaler politischer Aktivität festgenommen und zu Arrest verurteilt, den er aus Gesundheitsgründen erst in Davos, dann in Baden zubringt. Kontakte zum amerikanischen Geheimdienst.
1944	»Und er verbarg sich«, Drama. Im Oktober Rückkehr nach Italien. Im Dezember Heirat mit Darina.

1945	In der Führung des PSIUP. Leiter des »Avanti!«.
1946	Abgeordneter der Verfassunggebenden Versammlung. Leiter von »Europa socialista«.
1947	Spaltung der Sozialisten. Silone verlässt die Partei. Präsident des italienischen PEN.
1949	Gründung des Partito Socialista Unitario (PSU). Silone ist Generalsekretär der neuen Partei, die nur ein Jahr besteht.
1950	»The God that failed« erscheint in London. Kongress für kulturelle Freiheit in Berlin.
1951	Gründung des »Bollettino dell'Assoziazione per la libertá della cultura«.
1952	»Eine Handvoll Brombeeren«, Roman.
1953	Silone als Wahlkandidat der Sozialdemokraten, er wird nicht gewählt.
1956	Gründet zusammen mit Nichola Chiaromonte »Tempo presente«. Engagement für den ungarischen Aufstand. »Das Geheimnis des Luca«, Roman.
1960	Der Roman »Der Fuchs und die Kamelie« erscheint.
1961	Reise in den Nahen Osten.
1962	Lateinamerikareise. Mitarbeit in »Il resto del Carlino«.
1963	Aufenthalt in den USA. Israelreise.
1965	Veröffentlichung von »Notausgang«.
1968	Veröffentlichung des Dramas »Das Abenteuer eines armen Christen«. »Tempo presente« wird eingestellt.
1975	Arbeit an »Severina«.
1978	Silone stirbt am 22. August in einer Genfer Klinik.